La bibliothèque du citoyen

·公民丛书·

许铁兵/主编

·公民丛书·

民意、民调与民主

OPINION, SONDAGES ET DÉMOCRATIE

〔法〕罗兰·凯罗尔/著
（Roland Cayrol）
何　滨　吴辛欣/译

社会科学文献出版社
SOCIAL SCIENCES ACADEMIC PRESS (CHINA)

Roland Cayrol
Opinion, sondages et démocratie
©2011. PRESSES DE LA FONDATION NATIONALE DES
SCIENCES POLITIQUES

本书中文版根据法国政治科学国家基金会出版社 2011 年法文版译出

公民丛书第二辑序言

在社会科学文献出版社的大力支持下,《公民丛书》的第二辑终于问世。

本辑丛书包括七个专题,涵盖了社会与文化领域的多个热门议题。

在本辑丛书选题上,编者把巴黎政治学院近年来推出的"新辩论"(Nouveaux debats)和"质疑"(Contester)系列也纳入进来,取材视角更为宽广,当然,重点仍然放在全球化背景下的全球治理。与上一辑选题相比,本辑选题更加着眼于带有跨境特征的文化和社会问题。

二十一世纪的头十多年,世界格局正经历着根本性的结构变化,重心转移和态势演变正在加速。一方面,西方发展模式一家独大已经渐成明日黄花,新型国家崛起的道路也绝非平坦,南方国家的分化同样引人注目,搭车者、过坎者、挣扎者乃至失败者表现得复杂多样且波动起伏;另一方面,全球范围内的各类问题则表现为同步性和瞬时性、更大的互动性和更难以处理的交织性;政治国别边界的可渗透性急剧增大,也就是更加脆弱化；非国家行为体——这不仅是政党社团和非政府组织，还包括富可敌国的跨国企业、应运而生的跨国社会运动、流派众多的宗教势力、国际媒体和专业团体——的行为举止越来越具有自发性和自主性，分别以各自的方式参与并影响着世界进程。这就意味着全球治理除了不言而喻的必要性之外，不仅是以国家行为体为主的各类相关制度之设计安排，而且更需要每个个体和群体作为全球社会的成员，特别是作为世界公民的意识感和责任观。本辑丛书的宗旨，在于帮助读者形成对世界事务的深刻认识和准确理解，从而为参与全球治理做出自身的贡献。

主编　许铁兵

2014 年 12 月

目　录

引　言　001

第一章　民意调查的成功　001
　起源　003
　当今市场　006
　谁是用户　009
　民调的贡献　016

第二章　沿革与创举　021
　公共舆论　025
　代表性　027

第三章　民调是一门行当　033
　确定受调群体　035
　随机抽样法　036
　配额抽样法　040

设计调查问卷　　043
明晰和通俗易懂　　043
中立性　　046
用词和问题甄选　　047
实地调查及其方法　　054
互联网介入　　060
统计处理和结果报告　　063

第四章　选举：民调机构掌握选情动态　　065
从诞生前的历史到广为认可　　067
民调等于选举　　071
测量误差和"厨艺"　　074
民调和选战　　086
民调和选民　　090

第五章　民调与民主　　095
1977年7月19日法律及其修订　　099
民调对民主的贡献　　103
从"布尔迪厄式"的批判中要记住什么　　105
舆论学的地位　　114

参考书目　　119

引 言

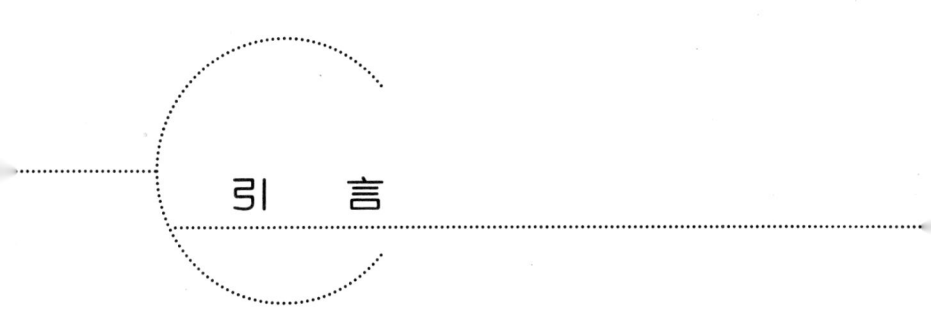

从何说起

没有人能够预见谁将赢得下一届总统选举,也没有人能够预见谁将成为下一次立法选举的赢家。民调没有预知力,它仅限于记录即时的意愿,因此是无效力的,正如"专家"、记者或政治人物。

唯一显得可靠的预测是:在选举之夜,唯一真正的输家会是民调机构!选举的赢家和输家会一致攻击引起公愤的民调机构:民调[①]机构又搞错了,欺骗了我们。人们把所有的问题都归咎于民调机构。在节目间里,某位出色的政治领袖刚刚抨击完民调,然后转身就向民调产品的创造者轻声说道:"抱歉,请您理解我,我丝毫没有抨击您的意思,我是一名忠实的民调用户,但这是游戏,不是吗?"这难道不是与1995年的情形一模一样吗?

---

① 民意测验,民意调查,以下简称为"民调"。——译者注

民调已成为西方代议民主社会环境的一分子。我们公布了很多的民调（甚至于说太多？）。人们竞相评论，有人喜欢，有人诋毁，有人抱怨从未被调查过……但人们是否了解民调是如何产生的呢？

作为政治学者和巴黎政治学院的教授和导师，本人在研究工作中大量使用民调结果。继而我成为民调学者，先是参与创办法国路易-哈里斯（Louis-Harris）民调所，此后多年一直作为机构的创始人兼主事之一。再后来，担任CSA民调所的总经理和监事会成员。因此，我既是民调的生产者，也是使用者。

面对再次袭来的批评民意调查的声浪，在我看来，对民意调查及其使用方法和在现代民主中的作用提出思考是有益的。读者在这本书中将会看到对这种专业技术和使用这种专业技术的行业的介绍，还会看到本人对这种专业技术在一个像法国这样的社会里的应用的评论。从介绍到评论，本人毫不犹豫地使用第一人称，以示对读者判断之尊重。

事实上，对于所要讨论的话题，我毫不隐瞒自己的观点：我是政治学者也是民调学者，同时还是一名热爱民主和关心如何提升社会行为体之责任感的公民。在一定条件下，我相信民调的科学贡献及其在民主社会发展中所起到的积极作用，尽管也会发生一些偏移，当然，我在后面会探讨这些问题。

某些大学教师可能由于不太了解的缘故，会教导学生们说，民意调查从本质上是一种主流意识形态的工具。在本书第五章中，我们将会探讨在一个像法国这样的国家里民调与民主关系问题。

但是，因为听到或读到蒙昧主义般的攻击漫骂让我恼火，我想先从回顾一个不能否认的事实入手，然后讲述三个小故事。

事实就摆在这里：民意调查是民主社会的产物，在极权体制里，它仍然是被禁止的。不论是斯大林时期的苏联，还是后斯大林时期的苏联；不论是皮诺切特时期的智利，还是维德拉时期的阿根廷；不论是越南，还是古巴；不论是第三世界专制独裁国家，还是东欧专制独裁政权；不论是（西班牙的）佛朗哥，还是（葡萄牙的）萨拉查，他们从未容许进行民意调查。公共舆论也不得存在。

故事一：从1980年起，我有幸几次去过皮诺切特统治下的智利。在那里，我遇到了一些社会学家同行，彼时彼地，社会学是被禁止的。但是，他们其中几位决定和他们的大学生一起秘密地进行民意调查活动。我有幸成为他们中一些人的顾问，我猜想其他人也这么做。他们被政治警察追捕、长期监视，调查员时不时地被逮捕。但是，慢慢地，智利的公共舆论有了发言权，虽然这种公共舆论看起来并不存在……在国际社会的压力下，"独裁政权"同意基督教民主党创办一家电台——合作电台（Radio Cooperativa）。人们是否知道多年来第一早间节目（《El computador》）一直播放一个调查问题的结果？人们是否知道在皮诺切特政权垮台前的最后九年间智利民众每个月都能知道，如果举行自由选举，结果会是怎样以及皮诺切特主义者的得票率不足四成？人们是否能够想象得到这些秘密进行的民调（在民主过渡期间，民调得到了认可）所能够给予民主信仰的慰藉和支持以及对争取自由的斗争的贡献？

故事二：发生在齐奥塞斯库（Ceaucescu）掌权时期的罗马尼亚。人们是否知道被追捕的社会学家，我想到了后来与我结为朋友的帕维尔·康佩亚努（Pavel Campeanu）和斯泰法纳·斯泰里亚德（Stefana Steriade），凭借他们的智慧让当时也"不存在"的罗马尼亚公共舆论有了发言权？他们利用电视进行调查，要求电视明星去各自的村庄，罗马尼亚是个由村庄组成的国家，去说服邻居坦诚地回答调查员的问题，向他们保证调查既不是为政党也不是为国家所做。慢慢地，调查样本具有了代表性。一些油印的资料在布加勒斯特流传，给出"正式的"结果，与实际结果对照，偏差只有40～60个点！

最后一个故事发生在今天的摩洛哥。在这个有点没完没了的民主过渡期内，我和几位朋友成为发起民意调查的倡导者。人们也是老生常谈，认为"摩洛哥不存在公共舆论"。但是下面这些就是公共舆论，白纸黑字地登在杂志头版上。公共生活不再局限于王宫的决策、政党之间的博弈和市民饭后的谈资。在一项大范围的调查中，摩洛哥的官员既可以表达他们对已开启的民主进程的满意和信心，也可以表达他们对改革进程缓慢的急迫心情。然而，人们仍然大失所望：2009年夏天，《Tel Quel》杂志当期所有印刷品在印刷厂被查缴、捣毁，原因是杂志刊登了一项民调结果，这是杂志与法国《世界报》合作进行的一项调查，对国王穆罕默德六世在位的前十年进行回顾总结。不合常理的是，对该政权形象而言，民调结果是很好的，但是原则问题是：民调不能提君主制度。最终，一个在哈桑二世治下的摩洛哥尚不存在的新的参与者诞生了，这激起了周边国家的羡慕。

在世界各地，民调都被公认为一种主要的认知工具，有时甚至是民主化的工具。问题不再是（如果曾经是的话）了解人们究竟是"赞成"还是"反对"民调，而在于确认民意调查为何、何以和在何种条件下能够对研究者和社会科学以及公民和民主有益。

第一章
民意调查的成功

> 谨以此书向我的那些已逝去的朋友们——将民调运用于社会学研究的先驱学者弗雷德里克·邦（Frédéric Bon）、乔治·拉沃（Georges Lavau）、阿尼克·佩舍龙（Annick Percheron）、马里-弗朗·图瓦内（Marie-France Toinet）致敬！

我们今天所见到的民意调查形式相对来说是比较新近的产物，它们出现于 20 世纪 30 年代后期。此后，不论从民调在社会科学中的应用，还是在媒体和政治、经济和社会生活中的影响来看，民调都获得惊人发展。

起源

民意调查起源于美国。在谈到民意调查的先驱者时，人们往往会提到一家报纸，从 1824 年起，这家报纸就开始在密西西比河的轮船上公布一项面向旅客所做的总统选举投票意愿调查。人们还会提到 1923 年由《芝加哥论坛报》（Chicago Tribune）所做的调查，这家报纸引入电话调查的手段，以弥补在街头调查中所遇到的白人中产阶级代表性不足的问题。

然而，真正意义上最早的民调机构是由美国人埃尔默·罗珀（Elmo Roper）、乔治·盖洛普（George Gallup）和阿契博尔德·克罗斯利（Archibald Crossley）1935 年创办的。1935 年 7 月，《财富》(Fortune)杂志推出了第一个季度晴雨表,这个晴雨表是罗珀根据一项问卷调查编制的。这项问卷调查面向全美 3000 名受访者进行,调查内容是对时事的看法。几周后,盖洛普在普林斯顿创立了美国公共舆论研究所(American Institute of Public Opinion)。不久,美国公共舆论研究所就赢得让它声名鹊起的首战:在很长时间里,在美国,甚至在法国,人们都用"盖洛普"来指代民意调查。据说,盖洛普的第一个调查问题于 1935 年 10 月 20 日刊登在包括《华盛顿邮报》(Washington Post)在内的全美 60 多家报纸上一个叫做"美国在表述"(America speaks)的专栏中,如下:"您是否觉得政府用于经济复苏和重建的开支过多(实际调查结果显示 60% 的被调查者回答是)、与所需大体相当(31%)或过少(9%)?"

1936 年,美国总统选举期间,几乎没有观察家认为罗斯福会连任。美国《文摘》(Literary Digest)杂志公布了一项"稻草投票"的调查结果,这是美国媒体的惯例。杂志通过邮寄的方式向 250 万美国选民征集他们的投票意愿,这些选民将填写好的调查回执寄回杂志社:读者可以自由地回答,他们大量地参与,"稻草投票"的结果显示罗斯福将败选。与此同时,盖洛普、克罗斯利和罗珀面向由 4000~5000 选民组成的样本进行代表性民意调查:结果显示罗斯福赢得连任。选举民意调查的可信度由此诞生。

自 1936 年起,盖洛普公司跨过大西洋,在伦敦创立了英国舆论研究所。从 1938 年起,这家舆论研究所的主要调查结果陆续发布在自由派日报《News Chronicle》上。在法国,正是效仿盖洛普的模式,两位受过高等教育的年轻人——社会学家让·施托策尔(Jean Stoetzel)和记者兼对外政策研究员阿尔弗雷德·马克斯（Alfred Max）于1938年开始开展民意调查。同年，施托策尔创立法国公共舆论研究所（IFOP，伊福普），不久后，阿尔弗雷德·马克斯也加入。伊福普迅速占据市场优势。

伊福普的初试牛刀之作是一项有关慕尼黑协定的民调。1938年9月，法国总理达拉第（Daladier）和英国首相张伯伦（Chamberlain）与纳粹德国签订了关于捷克斯洛伐克的慕尼黑协定。次月，伊福普面向一个小范围的样本做了这项民意调查。一些民调史学家断言民调结果表明微弱多数的法国人赞成慕尼黑协定。经过研究档案后，克里斯特尔·佩尔菲特（Christel Peyrefitte）确认37%被调查的法国人反对慕尼黑协定，并指出"反对慕尼黑协定的人"并不像人们所想的那么少。然而，让·施托策尔引证说民调显示多数法国人反对慕尼黑协定。

然而，"尽管多数法国人'随时准备为格但斯克赴死'，但在最年轻的年龄组，这种意向较弱。对于来年来说，这是一个不祥的预兆"，施托策尔如此写道。这恐怕能说明记忆发生偏差。首个民调结果出现波动的情况，可能与它没有在报纸上发布有关。

相反地，阿尔弗雷德·马克斯和他的公共舆论研究中心，在乔治·盖洛普的直接帮助下，于1939年7月首次在法国媒体上发布了民调结果。这项有关外国政要在美国、英国和法国的民望和形象的民调由盖洛普在美国和英国的公司所做，调查结果发布在《巴黎晚报》上。

由于第二次世界大战的原因，很快伊福普公司进入漫长的休眠期，直到1944年8月才得以苏醒。在法国光复日当天，伊福普公司就在巴黎进行了（战后）首个民调。此后，伊福普一枝独秀，这种情况一直持续到了 1963 年。在近 20 年的时间里，在法国，伊福普一直是民意调查的同义词。此外，正是让·施托策尔创造了法语里"民调"（sondage）这个词语。

从一开始，有关民调领域的某些特征就已经确定。民调首先关注的是时事，尤以政治为先，在大选期间，尤为引人注目。民调机构与大报社签订协议，授权后者独家发布民调结果。民调与大学也建立了紧密的联系。民调机构普遍以私营企业的形式存在，但却是由社会学者和社会心理学者直接创立，例如，美国著名社会学者和社会心理学者保罗·拉扎斯菲尔德（Paul Lazarsfeld）、高尔顿·奥尔波特（Gordon Allport）和哈德利·坎特里尔（Hadley Cantril）（1938 年对奥逊·威尔斯的广播剧《宇宙的战争》节目的影响力进行研究），而在法国，让·施托策尔本人就是大学教员，是巴黎索邦大学的社会心理学教授。

在这一点上，人们会嘲笑洛伊克·布隆迪奥（Loïc Blondiaux）的分析："（民调）这种方法最初并不源自学术领域。不是实验室的产物，但留有实验室的烙印。"不过，布隆迪奥承认，"只是在 1935 年到 1945 年期间，民调机构与大学教员之间才逐渐建立起联系"。

当今市场

从全球范围来看，今天的调查市场规模预计达 320 亿美元 [根据欧洲舆论与市场调查协会（Esomar）统计的数据]。不过，显而易见的是，占据市场份额的主要是市场调查，民意调查所占的比例仅为 5%~10%。欧洲占据 49% 的市场份额，北美地区为 30%，亚太地区为 14%，拉美地区为 5%，以及中东地区为 2%。

尽管美国在这个行业占有重要地位，但欧洲仍主导着全球调查市场。人们研究市场参与者时会发现，美国和欧洲的调查公司大量跻身全球前20强调查企业之列（见表1）。

表1 全球主要调查公司

2008年排名	企业名称	国别	营业额（百万美元）
1	Nielsen	美国	4575
2	Kantar (WPP集团)	英国	3615
3	IMS Health	美国	2329
4	Taylor Nelson Sofres	英国	2100
5	GFK	德国	1797
6	Ipsos	法国	1442
7	Synovate	英国	961
8	IRI	美国	725
9	Westat	美国	469
10	Arbitron	美国	369
11	INTAGE	日本	332
12	JD Power	美国	272
13	Maritz	美国	231
14	ORC	美国	228
15	NPD	美国	226
16	Harris Interactive	美国	222
17	Video Research	日本	188
18	Ibope	巴西	159
19	comScore	美国	117
20	Cello	英国	99

资料来源：表中所列调查公司及欧洲舆论与市场调查协会的《2010全球调查市场》。

在上述营业额数据公布后，TNS Sofres被WPP集团收购，这家由马丁·索瑞尔（Martin Sorrell）领导的集团在全球市场中的地位因而得以加强。这家集团业务涵盖广告、传播和调查。

有关调查市场的行业数据并未对民调占据的市场份额进

行细分（人们知道民调市场的营业额不到调查市场总额的10%）。同时，有必要指出的是，一些行业"巨头"完全不开展民意调查业务，只进行市场调查、消费研究和收听收视率调查等（比如上表中的 Nielsen、IMS Health、Westat、Arbitron 或者 Video Research）。

从行业发展来看，数十年来，调查行业一直保持增长势头，但进入 21 世纪后，增速出现放缓趋势，2008~2010 年，由于全球经济危机，增速进一步放缓，但总营业额并未出现下滑。事实上，现实情况是多方面的：在西方，调查行业不再出现真实的发展，但在新兴国家，发展势头强劲。在新兴国家，经济发展越来越需要衡量消费者的期待和满意度，与此同时，只要现行制度允许，政治人物和媒体越来越希望倾听公民的意见。因此，欧洲和美国的大公司在本国的利润额在下降（或者在消失），但在亚洲或者拉美地区的利润额却大幅增长。

根据欧洲舆论与市场调查协会的数据，2008 年，全球范围内，行业年增长率约为 0.4%，但美国下滑 2.1%，欧洲仅增长 0.9%，亚太地区增长 2.1%，拉美地区增长 5.6%，而中东和非洲地区则大幅增长 11%。与其他行业一样，中国的调查市场是行业从业者梦寐以求的市场。2009 年，中国调查市场的累计营业额超过 10 亿美元，预计 2012 年中国将超过日本成为全球第五大调查消费市场。然而，无法肯定的是，民意调查能够在这种迅猛发展的市场中占有相应的一席之地。

在法国，根据行业联合会 Syntec 公布的数据，2009 年，法国调查研究市场的总额达到 19.3 亿欧元。由此可以估算，法国政治调查和民意调查的市场营业额约为 7500 万到 2.5 亿欧元。因此，我们面对的是一项在日常生活中能见度很高的活动（尤其在法国，所公布的民调数量居世界之最，每个工作日公布超过三份民调结果），但它在经济方面分量微不足道。尽管民调机构享有很高的声誉，但都是规模有限的企业，总体而言产业规模很小。

表2 法国主要的调查公司

2008年排名	公司名称	营业额（百万欧元）
1	索福瑞（TNS Sofres）	—*
2	伊普索斯（Ipsos）	113
3	GFK	104
4	IMS Health	64
5	BVA	60
6	Médiamétrie	55
7	MV2	43
8	CSA	35
9	伊福普（IFOP）	33

*自其被WPP集团收购后，TNS Sofres不再在法国公布其营业额。
资料来源：《市场营销》杂志，2010年5月1日，第140页。

与全球情况一样，在法国，调查市场的主要参与者都不涉足民意调查，而更愿意进行市场调查研究（如GFK、IMS、MV2）或者收听收视率调查（如Médiamétrie）。"综合性的"调查机构包括索福瑞、伊普索斯、CSA、伊福普和BVA，它们提供民意调查业务，但这项业务在它们所有的业务中所占的比重还是很低。此外，还有一些规模更小的独立参与者也提供民意调查业务。

谁是用户

民调机构的客户范围很广。最显眼的无疑是媒体，正是它们让大众认识民调机构。但它们只不过是冰山一角。据估计，媒体（报纸、广播、电视）在综合性调查机构的营业额中所占的份额不足10%。尽管如此，对于民调机构来说，媒体客户的重要性要比营业额所体现出来的大得多：除了可以给机构本身带来声誉，媒体将调查结果向大众公布，而意见领袖和身为调查机构潜在客户的企业家也属于大众……

媒体

媒体为什么要订制民意调查呢？显然是因为其读者喜欢。不过，报纸通过发布民意调查使发行量大幅增加的情况，已不再现实，现在发布的民意调查数量实在太多。但是大报的研究证实公众对阅读民意调查抱有兴趣。读者、听众和观众乐于能够评价其同胞的意见，并能够衡量其所持有的意见与普遍舆论的关系。此外，媒体负责人认为自己负有使命向读者提供这样的信息：舆论已经成为我们社会的一个主要参与者。通过公布民调结果，让舆论发出声音，这是合理的，也是有益的。

我们要补充两个可能不那么"恰当"的理由。关于某个时事话题，一份饶有趣味的民调会被广播和电视节目引用和评论，同时订制民调的报纸也会被一并提及。这是一种文学广告，免费但质量上乘！有时，总编实在想不出究竟可以从哪个角度谈论一个"必不可少"的时事话题，这时，有人就会大声喊着："好吧，我们做个民调吧！"法国民众的意见成为原创的角度，毕竟，民众的意见通常不会更糟糕。

民调机构为报纸开发了一整套测量政治舆论的工具（政治人物的声誉度、信任度或民望等）。不过，考虑到时事要闻在媒体上的优先垄断特征，媒体订制的大部分民调显然都是些针对性的当下调查，开展调查的时间也越来越短，随当时的形势和议题而定。然而，民调机构最重要的客户是那些订制民调却不对外公布的客户。他们利用民调结果来制定他们的战略和公关策略。

国家

国家是民调产业的重要客户。事实上，政府关心了解公民的意见和期待，这是很正常的。毕竟，公民是政府服务的消费者。在法国，政府机构内设一个专门的部门，由总理直接领导，这就是政府资讯署（SIG），其使命主要包括协调由中央行政机关负责的民意调查，并持续跟踪公共舆论。在很长时间里，法国总统府很少参与民意调查（爱丽舍宫通过政府资讯署或其前身新闻传播署（SID）订制大部分的调查研究）。但在尼古拉·萨科齐总统（Nicolas Sarkozy）推动下，自2007年起，爱丽舍宫成为民调订制和分析的一个重要中心。为此，还曾引发过一场激烈的论战。2009年7月，法国审计院公布了一份关于总统府管理状况的报告。报告披露，在遴选民调服务提供商时，爱丽舍宫没有遵守公共服务的规程，尤其是在竞争度方面。爱丽舍宫被指优先考虑与其"私交甚好"的机构和顾问[伊普索斯、舆论之路、Publifact公司以及帕特里克·比松（Patrick Buisson）和皮埃尔·贾科梅蒂（Pierre Giacometti）]。这份报告公布后，法国总统府被迫修正内部程序，至少表面上是这样。

此外，很多部委或各类行政部门也渴望了解法国民众对其工作或者对部长工作的态度……

顺带说一下，数以吨计的民调数据被堆积在各级行政机关的纸箱里，从不对外公布，也不提供给研究人员，而这些数据都是花费公共资金收集而来的。要知道，这些数据经常会让研究人员爱不释手。与此形成鲜明对比的是，研究机构还得为少得可怜的研究经费而奔走。这令人感到遗憾。难道不应该考虑在经过一个合理的期限后（一年？三年？抑或在下一次立法选举或总统选举后，如果人们不想回避的话），将这些用公共资金所做的调查交给某个机构，比如巴黎政治学院社会政治数据中心（CDSP）或者国立图书馆，委托其提供给公众使用吗？这是用公共资金收集的民调数据的一个合法存放处，这看起来也符合民主的基本要求和最起码的透明度。

政治人物

在民调机构的其他稳定客户中，大大小小的政治人物赫然在列。与普遍看法不同的是，在法国，对民调机构而言，比起民选代表，尤其是大区或地方的民选代表，或者那些希望成为民选代表的人，政党（财源极为有限）并不是好客户。政治人物时刻想着测量自己同胞的关切和期待（在临近选举时期，更是如此）。在本书有关选举民调的章节里，我们将谈到这些。在民调机构客户名单上，还应当加上各种机构（协会、联合会、运动、企业、知名人士），他们会要求民调机构进行一些有关其声誉度、形象、战略、公关影响或者说服力的调查。

为何进行民调

通常，进行民调是为了测量某些项目的意见轮廓：谁赞成，谁反对，比例如何。尤其是赞成和反对者的分类（按街区、按社会职业地位、按政治倾向等分类），因为接下去是要去说服舆论当中犹豫的部分。

未公布的调查通常比媒体公布的调查要更长、更详细、更先进。这些调查服务面向那些既需要更复杂、更精确的信息,同时又更具财力的客户。所做的调查运用到目前可用的全部手段,我们在第三章中会详细介绍这些调查手段(当面调查、电话调查或互联网调查、局部调查或专题讨论小组等)。必须要补充的是,有20%～25%的市场份额,是由调查机构或专业化的机构采用其他调查方法进行调查的。比如,符号学研究、词汇学分析、人种志研究,尤其是定性调查,这不是本书要讨论的问题,既然民调才是我们的主题。但定性调查是民调不可或缺的补充。

采用定性方法,就不是以问卷形式进行工作,而是走到个体中间去调研他们看待问题的内在方式,去理解感知和理性思考如何在他们身上衔接以及他们的意见符合怎样的个体结构。实践中,运用两大类型的定性研究:深度访谈(调查机构的心理学者与受访者进行一个小时或一个半小时的交谈,不借助指南或借助半指导性的指南);小组访谈,由一位心理学者对6～10位公民就一个特定的主题进行访谈,时间持续三四个小时(此外,小组访谈能够确保评测相对于其他人的个人论据的效力)。换言之,定性研究不是将问题强加给受访者,而是让受访者充分发挥想象力,构建自己的推论。在法国,我是将小组讨论法运用到政治研究领域的第一人。通过这种方法,人们可以了解到法国人每天如何构建与政治的关系。有时,民调学者在观察民调结果时会感到麻木(当人们清楚地了解舆论结构时,意外惊喜是很罕见的),但运用定性研究的话,则不会如此,因为从中了解到很多信息。此外,这种方法往往能够使其预测到舆论可能发生的变化。

继广告业者之后，全国性的政治人物和地方性的政治人物以及各种各样的机构也逐步意识到定性研究的必要性，要么将其纳入民调的准备阶段，"定性"阶段为设计"定量"问卷做准备，要么将其纳入后期深度分析阶段（以便更好地理解被调查者的某些回答），要么在民调之外进行定性研究，以便更好地理解公民或某类公民的态度。

调查由"研究所"进行，自伊福普创立以来，人们约定俗成地把进行舆论调查的公司称为"研究所"。根据欧洲舆论与市场调查协会的统计，法国拥有不少于350家的调查公司。但这个数据把一些微型公司也统计在内，这些微型公司是非常专业化的，如专做珠宝商调查的公司。在舆论调查方面，法国市场主要被九大综合性调查机构瓜分：索福瑞、伊普索斯、CSA、伊福普、BVA和舆论之路排行前六，占据着最重要的市场份额，哈里斯系的三家研究所紧随其后。

索福瑞（法国民意调查公司）成立于1963年。在其创始人皮埃尔·韦尔（Pierre Weill）推动下，索福瑞仅仅用了几年的时间，便成为法国市场和舆论调查行业的领袖，并逐步扩大其国际影响力，1992年，索福瑞成功收购业内排行第一的消费者和广告调查公司Secodip。1997年12月，仍由其创始人领导的索福瑞加入到英国泰勒尼尔森（Taylor-Nelson）集团。此后，人们不再提索福瑞，而是泰勒尼尔森索福瑞（TNS）集团。而整个TNS集团又被WPP集团收购。

伊普索斯由伊福普的元老迪迪埃·特吕绍（Didier Truchot）于1975年创立。1982年，伊福普前主席让-马克·勒什（Jean-Marc Lech）加入伊普索斯，担任联合主席。（正是从这个时期起伊普索斯开始涉足民意调查。）近些年，伊普索斯得到极大发展，尤其在国际市场调查领域，已逐渐成为唯一一家跻身全球顶尖调查公司行列的法国调查机构。

TNS和伊普索斯如今已跻身全球十大调查集团之列（TNS排名第4，伊普索斯排名第9）。然而，如果说伊普索斯仍是一家法国集团，那么从大部分资本构成来看，TNS应该算是一家英国集团。

CSA（咨询、调查、分析）由克洛德·苏凯（Claude Suquet）于1983年创办。本人于1986年加入CSA（这家机构正是在这个时候开始涉足民意调查）。1998年，CSA与TMO（Tharreau-Marenge-Oddou）公司合并。CSA是银行领域调查的领军企业，在2008年夏被出售给博洛雷（Bolloré）集团前已成为法国公布民调数量最多的民调机构。博洛雷集团是文森·博洛雷（Vincent Bolloré）所持有的一家工业和传媒集团。

伊福普是法国历史上首家民调机构（见前文及第四章），在过去数十年间历经多次转手。自1990年起，伊福普由洛朗斯·帕里佐（Laurence Parisot）女士（2005年成为法国雇主联合会组织主席）掌舵。此后，帕里佐女士励精图治，重塑伊福普的商业活力和国际影响力，并颇有斩获。

BVA（Brulé Ville associés）创办于1970年，其创办人是伊福普的两位元老米歇尔·布吕莱（Michel Brulé）和让-皮埃尔·维尔（Jean-Pierre Ville）。自2002年起，公司由热拉尔·洛佩斯（Gérard Lopez）和帕斯卡尔·戈丹（Pascal Gaudin）领导。2008年，埃里克·森格雷（Eric Singler）和阿兰·西万（Alain Sivan）加入公司董事会。

舆论之路（Opinionway）由（曾在伊普索斯和中右派部长办公室工作过的）于格·卡泽纳夫（Hugues Cazenave）于2000

年创立。最初，公司专注于互联网研究，随后，公司的调查方法逐渐多样化。2009年夏，在审计院公布有关总统府民调资金使用情况的报告后，公司卷入争议的核心。自2007年起，受益于与《费加罗报》、LCI和法国电视一台（TF1）签订的合作协议，舆论之路的知名度大增。

法国路易-哈里斯（Louis-Harris France）于1977年成立，当时是美国调查机构路易-哈里斯多数控股的子公司，索福瑞少数控股。1994年，公司被索福瑞收购，成为TNS集团的全资子公司。此后，原先的法国路易-哈里斯派生出三家公司：LH2，由路易-哈里斯的部分管理人员于2006年倡议成立；Viavoice，由原LH2公司政治研究部主任弗朗索瓦·米凯-马利（François Miquet-Marry）于2008年创立；法国哈里斯互动，前身是Novartis研究所（成立于1995年），2004年加盟专注于互联网研究的美国哈里斯互动集团，自2007年起，更名为哈里斯互动法国公司。2010年底，法国哈里斯互动决定涉足民调业务。

民调的贡献

民调能够为其用户提供一些信息要素，对于用户的战略建设，尤其是公关建设而言，这些要素是无法替代的。然而，从社会普遍观点来看，必须着重指出的是，民调对认知其所调查的现象究竟做出了怎样的重要贡献。这种贡献之于决策者，之于公民（通过媒体了解民调结果），都是实实在在的。同样，之于研究人员，尤其是社会学和政治学的研究人员，民调的贡献也是切切实实的。

这种贡献之于决策者：正如（美国）社会学家兼政治学家

哈罗德·拉斯韦尔（Harold Lasswell）1951年所述："民主政治的制定者开始意识到现代的态度观测方法对于民主政府的管理来说是必不可少的［……］。一个公认的民主原则是人们必须考虑其他人的意见与想法。另一个公认原则认为，在民主体制内，错误能够通过自由讨论的方式被修正。科学的洞察使民主人士［……］不仅能够了解社群的偏好，还能够掌握公共信息的状况。专制君主首先以恫吓的方式治理国家。在现代社会中，民主人士若不研究公共舆论，则无法以深思熟虑和自由选择之理想立足。民调是一个合理组织的民主制度的智慧功能之一。"总之，民调能够不断地给政治决策者提供有关公民舆论状况的信息，由此推动民主政权持续关注公民的关切。

这种贡献之于公民：通过民调结果，公民可以了解到舆论对于公共辩论议题的看法，以及舆论分布和流向情况。民主意味着意见的自由交锋。通过民调结果，公民可以了解到其他人的意见。通过对公共舆论的了解，公民可以评估、测试和发展自己的意见。

这种贡献之于研究人员：受益于民调收集的数据，诞生了多少社会学、社会心理学和政治学研究成果？让我们想想宗教社会学、选举社会学、文化实践研究，让我们想想价值传承研究、儿童或青年政治社会化研究、政治积极性研究、种族主义研究，让我们想想政治意识形态结构研究、媒体消费研究、社会政治意识研究。显然，对于当代历史学者、政治学者、社会学者而言，民调已成为主要研究工具之一，使之能够将公民及其信仰、态度和意见的价值完全纳入其研究中。

我们来看一个事实：在一个像法国这样的国家里，民调在知识界和媒体界占有一席之地。民调学者往往出身于大学教员。他们中有部分人还继续从事教学，并发表研究作品。例如，让-吕克·帕罗迪（Jean-Luc Parodi）、热拉尔·格兰贝格（Gérard Grunberg）、布鲁诺·科特斯（Bruno Cautrès）、安娜·穆赛尔（Anne Muxel）、文森·蒂贝吉（Vincent Tiberj）、多米尼克·雷尼耶（Dominique Reynié）、热罗姆·雅弗雷（Jérôme Jaffré）、达尼埃尔·布瓦（Daniel Boy）、让·希什（Jean Chiche），他们都与最重要的政治学研究实验室有着千丝万缕的联系，比如巴黎政治学院政治研究中心（Cevipof）或者欧洲研究中心或者与法国科学研究中心（CNRS）合作的实验室。

数十年以来，在乔治·拉沃（Georges Lavau）、阿兰·朗瑟洛（Alain Lancelot）和阿尼克·佩舍龙（Annick Percheron）等人的先后领导下，政治研究中心发起了大量以民调为依据的研究。很多知名研究人员都为这些研究贡献了智慧和力量，如居伊·米舍拉（Guy Michelat）、雅尼纳·莫叙-拉沃（Janine Mossuz-Lavau）、诺纳·马耶尔（Nonna Mayer）、伊丽莎白·迪普瓦里耶（Elisabeth Dupoirier）、雅克·卡普德威尔（Jacques Capdevielle）、艾蒂安·施魏斯古特（Etienne Schweisguth）、勒内·穆里奥（René Mouriaux）、弗朗索瓦·普拉多勒（François Platone）、亨利·雷伊（Henri Rey）、弗朗索瓦丝·苏比洛（Françoise Subileau）、让·维亚尔（Jean Viard）、安娜·穆塞尔（Anne Muxel）、科莱特·伊斯马尔（Colette Ysmal），以及其他很多研究人员，遗憾的是这里无法一一列举。自1994年以来，在帕斯卡尔·佩里诺（Pascal Perrineau）领导下的政治研究中心，这项富有生命力的传统得以延续。佩里诺本人就经常在他的研究中运用民调，尤其是关于（极右派政党）"国民阵线"的研究中，此外，在他的媒体评论中，也经常运用民调数据。

这些民调学者兼研究人员让知识界生机勃勃。他们著书立说，也为杂志撰文。在研讨会上，可以看到他们的身影；在报纸专栏上，可以读到他们的文章；在广播和电视节目里，可以听到他们的评论。一些广播和电视节目定期邀请他们担任嘉宾，来分析各类话题的舆论状况，或者与受众对话交流。一些有线电视和卫视频道开辟专门的民调栏目，邀请民调学者进行讨论。在选举之夜，在广播电视节目制作间里评论预测选举结果和投票结果的，正是一些政治学者兼民调学者。

民调学者所具有的这种媒体界和知识界的身份属性，显然有助于确保民调工具的知名度，同时有助于体现民调对社会科学尤其是政治学和社会学的作用。但这也加深了某些社会学者对政治学者兼民调学者的嫉妒。这种知名度，这种嫉妒或许在一定程度上解释了知识界对民调诋毁的原因所在。在法国，民调有时仍然会成为这种诋毁的受害者，而这种现象也仅仅发生在法国。我们后面将谈论这个话题。

第二章
沿革与创举

> 谨以此书献给一直致力于这门学科研究的巴黎政治学院政治研究中心的我的老朋友们。

在阐述民调是如何产生的时候，大多数作者，如让·施托策尔、弗雷德里克·邦（Frédéric Bon）、多米尼克·雷尼耶和让·德勒格（Jean de Legge），都将民调诞生前的历史与执政者试图掌握其所要治理的民众的态度相联系。

事实上，权贵历来希望知晓人民之所思，即使后者不曾享有任何发言权。"是否要提及《一千零一夜》中哈里发哈伦·拉希德（Haroun al-Rachid）的故事，这位国王有时会走出王宫，到巴格达街头的市场里微服私访，以掌握臣民的态度？"施托策尔和吉拉尔问道。正如《圣赫勒拿岛回忆录》所述拿破仑坦陈："12位出色的意见收集人［……］每个月都递交给他有关公共舆论对政府行为和法国所发生事情的态度的报告。拉瓦莱特（Lavalette）收到这些蜡封的报告后，将它们递交给我。一旦看完，我便将其焚毁。我的部长们和我的朋友们对此一无所知。这些信息对我而言的确重要。"人们还知道1800年时任内政部部长沙普塔尔（Chaptal）发给各省省长的著名指令："了解法国，这事要力求达到目的。"

诚然，统治者历来想试探被统治者的态度。但是，其所运用的方法属于现代的警察调查或省长汇报的范围，而不是民意调查。尽管现实的执政者在借助承袭自原情报总局的警察调查或省长汇报了解民意的同时也利用调查来听取意见，但这种旧做法的"私生子"产物能被当作民意调查。因此，不要弄错时代。真正意义上的民意调查，则要等到两个概念的诞生：公共舆论和代表性。就上述不同时期而言，距离真正意义上的民调尚远。

至于统计调查的发展，在西方历史也比较久远。"系统地观察社会现象的思想萌芽于 17 世纪，发展于 18 世纪，兴盛于 19 世纪。与现代科学的诞生和迅猛发展相伴而行，前景一致。"最先应用统计工具的是经济领域，用以统计民众的财富和税收以及人口变化。人们经常提到沃邦（Vauban）及其农业生产评价论文（发明了"平方古里"的概念），或者早在 1680 年就在英格兰收集有关酗酒、独身和犯罪统计数据的威廉·配第（William Petty），抑或会计学先驱弗朗索瓦·魁奈（François Quesnay）。

以问卷方式进行的询问，已近似于民意调查。1745 年，在路易十五执政时的法国，出现了用这种方式进行的国情调查。在调查之前，财政总督察菲利贝尔·奥里（Philibert Orry）向各位总督发出指令："你们要仔细收集居民的意见，然后记录在国王要求你们编制的清册上。"说起最早以问卷方式进行的调查，人们有时也会提及英国人大卫·戴维斯（David Davies），他于 1787 年尝试以问卷方式进行统计调查，以测量工人阶级家庭预算。

然而，尽管在研究民意诞生前的历史过程中，我们清楚地看到了上述这些努力为统计学的建立所作的贡献，但我们不能将其视为我们今天所掌握的民调工具的形成阶段：原因再提一遍，因为尚未产生代表性和公共舆论的概念。

公共舆论

让·德勒格认为内克尔（Necker）是官方统计的创始人，他引用后者的论述："在法国，赋予社会生活活力的精神，以及对思考和褒奖的偏爱，设立了一个法庭，所有人都必须出庭：这就是公共舆论［……］。大多数外国人难以理解这种公共舆论在法国所具有的权威。他们很难理解有这样一种无形的力量，既没有金钱，也没有保镖和军队，但却可以颁布一些规则，而王宫里的人必须服从这些规则。"在大革命前夕的法国，诞生了现代意义上的公共舆论。革命者给予其完全的地位。个体意见都是孤立的论点，不论它是个人信仰还是社会制约的产物。正是个体意见的多元化表达，正是意见的交锋，催生了公共舆论的概念。为了避免陷入如何定义公共舆论的无谓之争，在这里，我们采纳多米尼克·雷尼耶的提法，即"舆论"前面的"公共"一词的定性可以具有三种含义。

公共舆论可以是一个公众的舆论。这个公众可以理解为由分散个体组成的整体（一个选区、一个民族）；因此，它不同于聚集起来的听众（人群、集会）。多米尼克·雷尼耶说，我们应当把这种根本的区分归功于纪尧姆·塔尔德（Guillaume Tarde），在这方面，他是毫无争议的专家之一。"公共"也可以具有"一种集体的评价意义"：公共舆论是一定数量的个体所持有的意见，是一种共同的意见。与个体意见形成对照。若要一种意见能够为人所赞同，前提是必须公开（被告知的）。正如德勒格所说，"公共舆论的存在与公共场所的概念以及发表意见的公开性紧密相连［……］。所谓公共场所，应当是能够确保形成流通的意见——即公众的意见——的场所。"

最后，一种"公共的"舆论是一种公布的舆论，尽人皆知。这样的表述能够让舆论动向环绕公开的舆论聚合，让没有具体意见点的人能够表达各自的赞成或反对意见，总而言之，这种表述能够使人进入舆论制造系统中。

"当然，多米尼克·雷尼耶总结道，'公共'舆论所具有的这三种含义之间并非互相排斥。它们共存于一个公共舆论的概念中，后者既是一个特定的听众群（公众）的产物，也是一种为人共享（共同）的意见，最后还是一种尽人皆知的意见（公开，也就意味着由众人去评判）。"

18世纪末的法国社会状况和大革命为上述三种含义的齐聚提供了土壤，因此，催生了我们今天所理解的公共舆论。革命者颁布了言论自由和思想传播自由的法律，通过了公开辩论的原则。它们使用公共舆论的概念，但也滥用了这个概念，常常将其与"普遍意志"的概念相混淆。这种混淆无休止地造成损失。一种公共舆论的存在是普遍意志体现的构成要素，显然，仅有公共舆论不足以体现普遍意志。当一个群体或一个族群开始"想要"某种事物时，他们不满足于发表意见，他们会个体地或集体地采取行动（选举、示威、罢工、协会、运动……）。了解公共舆论状况（在今天，是借助民意调查来了解），不能确保能够推论出何为民众的"意志"。民众的意志亦能通过其他手段表达出来。1789年法国的革命者曾步入歧途，当今社会，政治人物或媒体仍常常步其后尘，把民意调查数据解读为"法国人想要（什么）"。

此外，是否还应当思考一下"民调舆论(opinion sondagière)"的正当性？根据让－吕克·帕罗迪（Jean-Luc Parodi）的定义，所谓"民调舆论"是指通过民意调查结果表现出来的公共舆论，代表当时的公共舆论。在这方面，皮埃尔·布尔迪厄（Pierre Bourdieu）就对民意调查作出了抨击。在一篇题为《公共舆论并不存在》的文章中，这位哲学家兼社会学家写道："在报纸头几版以百分比形式表现出来的公共舆论（例如六成法国人赞成……），这种公共舆论完全是一种赝像，其功能是掩盖这样一种事实：在一个特定时刻的舆论状况是一个压力的系统，再没有比用百分比来表示舆论状况更为不合适的情况。"

或者，布尔迪厄指出了明摆着的事实。他指出，民意调查技术具有明显的局限性，即仅能够收集到一些个体在人为情况（调查）下所孤立表达的意见；他把收集到的个体意见与一个社会的舆论状况及其政治意志对立开来。我们只能对此表示赞同。或者，对他而言，最重要的是断言民意调查的"功能"其实是"掩盖"民众的政治意志，因为民调机构和报纸为大资本效力：正如经常见诸布尔迪厄笔端的，这种分析仅仅为了博得政治信誉。

我们将在本书最后一章继续这个讨论。在这里，我们只要区分一下舆论和行动以及政治舆论和政治意志。同时，我们低调地建议政治活动家和评论家也能做到这点……

代表性

民意调查的统计学理论基础可以溯源至18世纪雅克·伯

努利所著的《猜测术》(Ars conjectandi)。19世纪，法国数学家西莫恩-德尼·泊松(Siméon-Denis Poisson)完善了这一理论。19世纪末，北欧统计学家安得斯·尼科拉伊·凯尔(Anders Nicolai Kiaer)从中演绎出代表性方法。

有人可能记得在中学阶段学到的大数法则，又称伯努利法则。该法则包含三个方面的主要内容，我们下面来回顾一下。在一系列包含两个相互排斥参数的物体中，若想确定包含上述两个参数之一的物体所占的近似比例，仅需抽取这些物体的样本。通过变化样本的规模，就可以增加结果的近似值。对于一个特定的概率，计算得到的比例和实际比例之间的偏差与样本数的平方根成正比。

这是著名的红球和黑球的例子，从一个包含相同数量的红球和黑球的袋子里抽取出彩球。若从袋中抽取一组包含100个球的样本，注意要以绝对随机的方式抽取，概率理论认为有百分之九十五的机会（注意不是百分百），随机抽取的红球数量在45%~55%。我们知道袋中有50%的红球，因此，红球的准确比例与随机抽样比例之间存在10%的误差边际和置信区间（45到55）。还有百分之五的机会，抽样结果超出这个范围。

抽样结果的精确度随样本增率的平方根递增。因此，若我们从袋中抽取1万个球而不是100个球，误差边际（概率仍为95%）将下降至1%。若我们抽取10万个球，则误差边际降至0.1%。基本原理如下：随机抽样的样本数越大，样本的代表性越好。

但要明确以下三点。

1. 随着样本数的增加，代表性只会略微改善，或者，必须大幅地增加样本数，以获得略好一些的代表性。

2. 与普遍想法相反，误差边际毫不取决于"抽样率"（球的样本与袋中球的总数之间的比例），仅取决于样本数本身。有必要提醒的是：对于一组包含 1000 个受访者的样本，不论它是在全国总人口范围内抽取的样本，还是在一个市镇或一个职业群体内抽取的样本，误差边际是相同的。

3. 最后所有这些的前提是抽样必须是随机的，也就是说任何一个外部变量不得干扰取样，尤其是人为因素。

归根到底，代表性的基本原则从那时起已确定。然而，尚需等待很长一段时间，概率抽样的统计学原则才运用于民意调查。在 19 世纪 30 年代，美国最早的市场调查革命性地引入概率抽样。几年以后，罗珀和盖洛普决定性地将其应用于严格意义上的公共舆论领域：将为物体或数列而设计的抽样统计学原理应用于人及其舆论，这无异于一次革命。

这种创举对两种潜在的反对意见不屑一顾。时至今日，那些被民调困扰的人或许依然持有这样的反对意见。首先，从道德范畴来说：是否可以将纯统计学原则应用于具有自由意愿的人（他们与相邻的人没有任何可比性）？是否可以像计算红球和黑球一样计算舆论？个体的意见难道不包含某些本质上无法量化的要素？个体是否可相互替换？

论据不容掉以轻心。事实上，意见是复杂的，没有任何一种意见与另一种具有可比性。当然，问题也不在于否认每个个体的自由判断意愿。然而，民意调查不是将总体或组成样本的人视为可相互替换的。相反，我们可以这样说：民意调查是依据各种可衡量的客观特征确定一组样本在一个特定时刻相对于一个特定总体的代表性，然后对这组样本进行询问，准确地说，仅询问每个个体的个体意见，这是对个体意见的不可替代性和不可约性的认可。这些个体意见的总和被视为代表这一特定时刻的公共舆论,因为按照可衡量的特征,样本具有代表性。换言之,不是将个体视为数字,而是用可衡量的、可量化的特征加以描述,然后根据这些标准,建立相对于总体的代表性原理。弗雷德里克·邦曾这样写道:"意见与态度依据社会结构而定。其表面的多样性是错综复杂的社会约束允许存在的态度和意见的可能性相组合的产物。这些可能性数量有限。因此,人群可被当成一个统计学的总体,即一群具有一定数量的均质性的个体。"

依据一些客观的标准(性别、年龄等),人们可以建立一些具有代表性的样本。这些想法或许依然是不可思议的事,甚至是令人震惊的事。经验论者会说,不论令人震惊与否,这都"行得通"。人文学者则会强调说,代表性样本原理仅仅意味着从纯统计学的角度,一群男女可以完美地缩影出总人口的特征(这证明了民意调查原理有效),但每个个体显然还是不可约的、唯一的、不可相互替换的、具有自主和自由的。

第二个反对意见:民调测量意见,然而,什么会比个体的意见更加昙花一现、变幻莫测呢?周五在笑的人,周日却会哭泣;年轻时"辱骂神父"的人,年老时成为虔诚的信徒。这些反对意见是有道理的:民意调查仅记录一个特定时刻对于一个特定问卷的回答。事实上,意见在变化。因此,测量一个群体从一个月到另一个月,从一周到另一周,有时甚至是从一天到另一天的舆论动向,这是民意调查的好处之一。反对意见不止于此;只要强调一下民调的内在特性之一:民意调查仅测量一个特定时刻的舆论。

我们可以这样说:尽管存在这些过时的或不合时宜的反对

意见，盖洛普、罗珀和他们同事的工作还是开创性的。在这样做的同时，他们引入了一种方法，不仅颠覆了公共舆论的认知，也颠覆了政治、社会科学、媒体，也许是整个社会。

他们的创举不应抹杀统计学基本原理，他们曾经依据这些原理进行调查，而这些原理对于民意调查依然有效。人们会看到抽样方法是如何多元化的，例如配额抽样法对随机抽样法的补充。人们还会看到民调学者的经验主义努力让方法论持续得到改善。

然而，有时也有一些民调机构相信或者试图使人相信其所进行的调查的误差边际取决于抽样率，而非样本数：例如，某个民调机构的负责人会对某位市长说，"在市镇范围内，您可以面向一组包含400人的样本进行调查，不会有任何问题，因为您的城市仅有75000个居民，而对于全法国的调查，才面向包含1000人的样本进行。"特别是，有时市场要求会与基本原则相矛盾。正如弗雷德里克·邦所说，"通过扩大样本数来获取更高的精确度，成本会越来越高。"

我们举个例子：对于一组包含1000人的随机抽样样本，对于一个50%的调查结果，采用95%的置信度，误差边际为3.1%，有95%的统计学概率，"真实"的数据介于46.9%（50%减3.1%）和53.1%（50%加3.1%）之间。若要误差边际降至0.98%，置信度同样为95%，必须将样本数提升至10000人。若要置信度为99%，误差边际为0.98%，则必须将样本数增加至17200人，然而民调机构的客户并非总有能力承受高精确度所要付出的成本。更何况精确度也要考虑性价比。

我们要明确很重要的一点。在一些像法国这样的国家，民调机构基本已不再使用随机抽样的方法来进行民意调查。我们后面会谈到这一点。他们一般采用配额抽样方法进行调查（通过让样本具有所要调查总体的已知特征，如性别、年龄、职业等，来设计样本）。然而，按照统计学的观点，对于通过配额抽样法进行的调查，是绝对无法计算出它的误差边际的。一些民调机构断言配额调查的误差边际与随机调查的误差边际"相当"；其他民调机构认为采用配额抽样法甚至能够提升调查结果的精确度。但无法用统计学的方法来验证这些经验主义的断言。

无论如何，必须牢记民意调查理论所依据的基本原则，即公共舆论（伴随民主思想的诞生而出现）和代表性调查（精确而严苛的统计学方法）。

同样，我们要打消充当骑士怒斥采用与基本原则相背的方法的念头。但是，在一个物质需求不断挑战奠基精神的年代，回顾一些基本原则，也许并非一无是处。

第三章
民调是一门行当

> 献给传播领域和国际科学界的我的社会学家朋友们，我很高兴曾与之日以继夜地共同从事研究工作，我首先想到的是：杰伊·布鲁梅勒（Jay Blumler）、伊莱休·卡茨（Elihu Katz）、德尼斯·麦奎尔（Dennis McQuail）、加布里埃尔·托韦龙（Gabriel Thoveron）。

民意调查行当布满陷阱。在进行调查的每个阶段,都应当遵循规则,不论它们是理论规定的,还是实践中产生的规则;然而在形势和时间的逼迫下,以及受限于出资人的规定和资金条件,这些规则往往难以遵守。我们不想枯燥乏味地回顾进行一项代表性舆论调查面临的所有问题。在本书中,我们将研究民意调查的各个阶段,着重讨论最重要的部分。

确定受调群体

我们从理论上来说最简单的说起:我们希望在什么样的总体上进行代表性抽样?若是"法国国民"从哪个年龄段算起?大多数意见调查以(18岁及以上)成年人为调查总体。然而,大多数传媒消费调查面向15岁以上人群进行。是否要面向一组包含所有在法国居住的人群在内的样本进行询问,抑或仅面向法国公民进行询问?当然,这取决于研究对象,但我们知道有些调查,由于启动调查前没有考虑到这些问题,在分析调查结果时，往往遭遇挫折……但为时已晚！

政治调查或选举调查，必须考虑是面向整个相关调查总体（整座城市、整个选区、整个国家的居民）抑或仅面向登记选举的有效选民进行询问。若想测量某类人群比如女性的特定意见，应当确定是仅面向一组女性的代表性样本进行调查，还是最好对男性也进行询问，以便通过比照更好地衡量女性回答的特征。无论如何，根据调查对象，准确地确定参照总体，总归是恰当的。对于特定的样本，这种做法往往更为合适。以"意见领袖"调查为例，如何准确地确定应当涉及哪类人群？

随机抽样法

设计样本，有两大方法：随机抽样法，又称概率抽样法，和配额抽样法。

起初，调查理论仅考虑概率抽样法：样本必须严格遵照随机方法进行抽取。组成参照总体的所有单位都有均等的机会被纳入样本。这种方法能够避免在遴选所要询问的人时产生任何偏差：例如，调查人员不能仅限于对最容易接近的人进行询问。尤其只有随机抽样法能够确保计算出调查的边际误差。

这种建立在最严格意义上的随机性的方法，仅在具备组成参照总体的个体的完整名单时，方可运用于实践。因此，对名校学生、企业员工或报纸订户调查时，有可能根据一份详尽的名单进行随机抽样，这也是通常的做法。

在这种情况下，组成调查基础的个体按 1 到 n 的顺序进行编号。只需抽取样本单位即可。可用的随机抽样方法有几种。可以使用随机数表（一些不与任何统计链相连的数），可在商业调查中运用。可以使用专门的制表程序。或者更简单地，可以每间隔 x 抽取一人（前提是总体的完整名单不是根据诸如职级、地理位置或工龄等一些标准来编制；一份按字母顺序排列的名单就能满足需要）。

然后，可以对这样遴选出来的个体进行询问。但是抽样的问题不限于此。还必须控制在调查过程中可能产生的偏差。我们要提一下两种最常见的情况。第一种情况，假如在进行一项邮局员工调查时，马丁先生被抽取作为样本但他无法受访，怎么办？所以最好要提前确定好在放弃访问马丁先生并重新抽取替代他的受访者前，设法联系马丁先生的次数（通常是 3~6 次）。

接下来，比如当电话调查样本是根据电话号码簿随机抽取或者根据电话局的号码自动抽取而成时，我们知道每户家庭通常会有多个成员，而其中一人有接电话的习惯。只询问接电话的人，可能会产生偏差。在这种情况下，一种常用的解决方法是借助生日法。询问接电话的人在其家庭中哪位成员的生日距离调查日期最近，并明确表示希望询问此人。以欧洲舆论调查（Europinion）为例，这是 Euroquest 机构为欧盟所做的调查，我曾负责这个项目三年，它就采用以下这些规则：随机抽取、5 次通知和生日法。对于在多国同步进行的调查，我们估量一下确保抽样规则和问卷设计规则绝对一致是多么关键。

只有严格意义上的随机调查才能够确保计算出置信区间，也就是在某个固定概率（例如 95%）的情况下实际结果的波动范围。对于一组包含 1000 人的随机样本，若调查结果为 5%，则置信区间为 1.4%。这意味着有 95% 的机会，实际结果介于总体的 5%±1.4% 之间，即 3.6% 至 6.4% 之间。

置信区间及误差边际随调查结果的绝对值递增。若调查结果为 30%，样本数仍为 1000 人（概率为 95%），则误差边际为 2.8%：实际结果介于调查总体的 27.2% 至 32.8% 之间。

我们要提醒一下：误差边际丝毫不取决于抽样率（样本数与所要调查总体之间的比例），而仅取决于样本数。这也是为什么在美国、德国和瑞士发布的调查，其样本数是相同的原因所在。随机抽样法不仅能够确保误差边际的计算，还能够保证提前确定最优化的样本数。先确定希望达到的概率，然后计算出要获得这个结果所需的样本数。

最后，人们不仅了解严格意义上的随机抽样所具有的准确性，也明白它所带来的难度。这些难度大体有两种。首先，人们不是总能得到组成参照总体的个体的详尽名单。以"社会党同情者"或"公共交通使用者"调查为例：没有人具有这些人的名单。此外，随机抽样法的成本非常高。尤其，像上文提到的那样，必须反复多次去联系因不在或忙碌无法受访的样本单位，这大大增加了调查的成本和时间。

出于上述原因，随机抽样调查的专家发明了一些概率抽样方法，从理论角度来看，没有那么严格，但效果甚佳，如分层随机抽样法和成串抽样法。对总体分层，即将总体划分为几个均质层：例如，若一家报纸的订户数据集包括一年以内的订户、一至五年的订户及超过五年的订户，则可以对这些层样分别进行随机抽样。也可以根据所要调查的总体确定层样：若认为城镇体量是个值得关注的参数，则可以按城镇体量层样进行抽样。用成串抽样法进行调查的，将所要调查的总体的个体单位（必须具有详尽的名单才能够进行抽样）替换为单位串，即根据某种标准集聚的单位，如按地理标准：房屋、社区、市镇。不再按个体进行抽样，而是按个体串进行抽样；即使没有个体名单，也会知道对成串抽样来说必不可少的统计数据。在随机街采（random route）调查中，调查人员的路线是提前确定好的（比如按房屋成串抽样），调查人员遵循一个既定的路径（一层左侧，然后四层右侧等）。

人们发明了很多方法来修正概率调查的缺陷。因此，为了规避女性受访率高于男性受访率的风险（或许因为女性更经常居家），有些调查机构采用按户随机抽样（"户"在这里相当于上述的"串"），然后设立性别配额：在按户随机抽样的情况下，调查人员必须确保半数的受访者为男性。可以通过给调查人员设定一些配额指令来对随机街采进行补充（例如，调查人员遵循路径，但也必须确保受访的男女比例一致）。

人们发明了很多方法，通常行之有效：这些对概率理论所做的修正能够确保以比严格遵循原理更短的时间、更低的成本和更少的技术限制完成调查，而结果完全令人满意。其局限性往往在于，置信区间变得难以计算，因为均质度随层样或串样而变化。然而，采用这些方法的调查机构经常也会将准确的置信区间告诉客户。后者宽宏大量或愿意让自己安心，心甘情愿为此埋单……以全凭经验的方式，人们会认为若真能计算，算出的置信区间可能与出现在调查报告上的（及用严格意义上的随机抽样法进行的调查）相似；然而这或许毫不夸张（抽样也无法做到绝对随机），尤其，人们无法验证这种全凭经验作出的假设。

第三章　民调是一门行当

配额抽样法

配额抽样法是解决随机抽样法或概率抽样法某些困难（及成本）的另一种方法。原理很简单：按所要调查的总体的已知特征规定样本配额。一项"代表法国人的"调查将面向一组具有与全国人口相同的社会人口特征的样本进行。

"法国的调查公司采用配额抽样法，既是出于速度和成本的考虑，也是因为它们认为这种方法比随机抽样法更加可信赖。部分组成样本的个体会拒绝回答，从而严重影响了随机抽样法的效果。然而，社会类别不同，这种拒绝率或非答率（taux d'indisponibilité）也不均匀。在一些国家，尤其在法国，这种拒绝率有时会超过40%。因此，这些样本并非完全随机的，因为不是所有个体都具有相同的机会被询问"，埃马纽埃尔·里维埃（Emmanuel Rivière）如此写道。其实，通常总是有少数人会拒绝回答所有的调查问题，而少数人会拒绝回答某些问题（"我对这个问题不感兴趣"），还有人会半途而废，因为在他们看来问卷过于冗长或与他们的关切点不同。多数人会因不便作答而致歉（"我锅里正做着饭呢！"）。不管怎样，这些无法作答的情况提出了里维埃指出的问题，也是在实践中采用配额抽样法的根据所在。

采用配额抽样法，必须具备一个能够作为参照的合适的统计工具。就法国人口调查而言，法国国家统计和经济研究所（Insee）的人口普查、年度经济预测、"就业调查"等为民调机构提供一个名副其实的基本参照。民调机构还必须在 Insee 的统计数据上再得出结论。例如，许多调查公司确定的"老年人"配额包括所有"65岁及以上者"，而不是细分为"65岁至74岁的人"和"75 岁及以上者"。当今社会,这种细分是可能做到的,无疑也是必要的。因此,考虑到法国人口的老龄化现状,依然将"老年人"定义为所有"65 岁及以上者"是否依然合理呢?

显然,在统计工具不健全或完全缺乏统计工具的国家,配额抽样法应用起来会更为复杂。在新兴国家和处于民主过渡期的国家,有些国家拥有令人惊奇的先进统计工具,人们能够以与西方国家相同的方式进行调查,包括配额抽样法;而在其他国家,人们通常借助上文所述的随机街采的方式。

既然与随机抽样相反,配额抽样法不能确保每个人都有均等的机会被纳入样本,最好在配额中采用一些能够对意见形成产生影响的参数,以确保所有人口类别都有代表。根据这些配额,调查人员对受访者进行遴选:他们"以捕鱼的方式"去寻找 25 岁以下的青年人,并在达到这一类别的配额后,即停止继续访问这一人群。如此反复,直到完成所有的目标。

还可以采用独立控制配额:就性别而言,与参照总体一样,样本包含 52% 的女性;就地区分布而言,样本包含 18.8% 的巴黎大区居民,这也是巴黎大区人口占法国本土人口的比例。也可以采用相互控制配额,例如性别和年龄段交叉:在性别配额内,在男性和女性配额内,确定年龄段的正比配额。这种方法更加精确,但要求也更高,成本也更昂贵。配额抽样本身也可以进行分层:在每个层样内确定配额。因此,大多数刊登在法国媒体上的民意调查是面向通过独立控制配额法(户主的性别、年龄段、社会职业类别)抽取且按地区和市镇体量进行分层后所得的 1000 人样本进行的。

随机抽样法和配额抽样法,很难说哪种方法给出的结果更为精确。更何况，如上文所述，我们无法计算出配额抽样法的误差边际。在这方面，我们注意到，关于选举民调的1977年法律（我们将在本书后面的章节中探讨）包含一条滑稽的条款，要求民调机构必须提及调查结果的误差边际。这完全是不可能的，且不提它们必须公布误差边际的具体数字（置信区间随所记录的比例而变化），因为法国的民意调查都是根据配额抽样法进行的。

法国的民意调查负责人往往提出，可能的误差边际与随机抽样调查的误差边际"相似"。以全凭经验的方式，这种假设看似是有根据的，本人曾经多次运用这两种方法，尤其是进行政治意见调查时。因此，也曾对根据两种方法抽取的全国范围内的样本提出相同的问题，不知如何决断，但……这种假设无法用统计学的方法加以论证。

然而，这场随机还是配额之争，历来是美国和北欧国家民调专家（他们坚定选择随机抽样法，不愿偏离概率论）与法国和南欧国家民调专家（他们信赖配额抽样法）之间一场小型的"观念之争"。经历过几次引起轰动的失败后，20世纪80年代后期，英国大型民调机构的领导者决定在选民投票意愿调查中放弃概率方法，让位于配额抽样法……然后，取得了更好的结果。

这里，唯一的结论似乎是要继续进行比较研究。尽管如此，调查的国际化在实践中继续。然而，当法国最杰出的研究员之一弗雷德里克·邦在1978年的一次选前调查中，与格勒诺布尔（Grenoble）政治调查研究所的团队合作，尝试进行随机抽样调查时，却招致民调委员会的严厉惩罚……

设计调查问卷

在民调机构,人们经常说设计调查问卷是门艺术。我们却不这么说,但要说的是,这项工作需要特别仔细。要按以下方式来设计问题。

问题要让所有受访者能够以相同的方式理解,不论是里尔市的一名美容师,还是南特市的一位文学教授;不论是 Ivry 市的一名法共积极分子,还是 Neuilly 市的一名人民运动联盟(UMP)的支持者;调查者都应当使用简明扼要、让所有人都能理解但又不肤浅的语言。

问题不包含任何的偏性,也就是说,无论如何,不能从问题的提纲推论出答案。编写问题时,要使用相对于所讨论话题而言完全中立的词汇。在这方面,民调机构应当对他们的客户表现出最严苛的警惕性,这些客户,比如政治人物和经济或社会活动家,他们很愿意看到偏向他们的习惯表达,以便影响受访者,或仅仅因为他们习惯于如此表达,而没有发觉自己的语言特性。

若不了解这些简单的规则,当看到所公布的民调结果时,人们有时会感到一头雾水。

明晰和通俗易懂

问题要明晰,要让所有受访人易于理解?一些民调机构确实会设计这样的问题:"您是更赞成保持物价稳定,哪怕会伴随着经济增速放缓,还是更赞成经济加速增长,哪怕会伴随着物价水平上扬?"或者:"您希望政府借着经济形势好转和法国民众信心指数提升的机会，进行社会再分配，使之向最弱势家庭倾斜，以促进消费，还是进行结构性改革，以使经济和企业适应全球化趋势？"该怎么说呢？

以下问题又会让人有何想法呢："据您认为，一个优于资本主义的社会应当优先促进的是什么？"（配上一些预设的答案，包括"和平""环境保护""技术进步"或"精神价值"）。抑或："如果您必须在下面的每对组合中进行选择，您更喜欢哪个？"答案选项有："让·饶勒斯（Jean Jaurès）或贞德（Jeanne d'Arc）""罗兰·迪马（Roland Dumas）或克里斯蒂娜·德维耶-容库尔（Christine Deviers-Joncour）""皮埃尔（Pierre）神父或埃内斯特-安托万·塞埃（Ernest-Antoine Seillière）"[1] "国家或金融市场"。最令人惊奇的难道不是受访者会乖乖地作答？

除了不要让问题贻笑大方或晦涩难懂之外，还必须特别注意不同社会阶层受访者对问题有着不同理解的情况，或者部分受访者理解问题的角度与调查员所希望的不同。弗雷德里克·邦列举了一个例子，是法国政治科学国家基金会进行的一项关于"1970年法国工人（状况）"的调查：调查的问题面向工人群体，目的在于勾勒出每个重量级的工会组织的形象。为此，调查人员设计了一份问卷，罗列出一些形容词，要求被询问的工人从中选择出他本人认为对于每个工会最适合的两个形容词。在所罗列的形容词里，包括品质形容词"官僚主义的"，目的是测量与法国总工会[2]相对立的那些极左运动在工人阶级中的影响。然而，在收集到的答案中，比起法国工人民主联合会（CFDT）

---

[1] 以上都是法国一些各界名人。——译者注
[2] CGT，传统上受法共的影响。——译者注

（占15%），工人们更经常用这个词来形容法国工人力量总会（FO）（占17%），比例大大高于法国总工会（占7%）。调查报告的作者由果溯因地评论道："这是个意想不到的结果。然而，要是人们想到，在工人阶级中，'官僚主义者'这个词不是指有着'官僚作风的人（homme d'appareil）'（代表机构的人），而是指坐'在办公室工作的个体'！这样的结果则会好理解得多。"

用词的重要性不仅体现在提问者与被询问者之间可能存在的隔阂误解上，也取决于整个社会文化。由于所使用概念的社会可接受性存在差异，有些表达会导致答案不尽相同。我们知道美国有个著名的例子，使用"允许"或"禁止"，引起明显不同的反应：62%的美国人认为"美国不应当允许公开发表反对民主的言论"，而仅有46%的美国人认为"美国应当禁止公开发表反对民主的言论"。在自由社会里，对于许多人而言，比起"不允许……"一词来，他们更难以接受"禁止……"这个词……

同样，阿尔弗雷德·索维（Alfred Sauvy）曾经援引过法国全国人口研究所（INED）1965年所做的两项调查结果。在这些调查中，一个消极的概念变为一个积极的概念，对于相同的问题，得到答案明显不同：

——版本1："您赞同还是不赞同设立专门的诊所，以便妇女可以咨询所有的避孕手段？"

表示赞同的：71%。

——版本2："您赞同还是不赞同设立专门的诊所，以便妇女可以咨询所有保证随意生育孩子数目的手段？"

表示赞同的：83%。

如果不是调查员和被调查者之间发生误解或误会，而是调查机构同意采纳客户建议或强加的具有偏向性的问题时，显然人们会更为震动。我想举个例子：在过去，法国全国紧身胸衣企业联合会委托索福瑞公司进行一项调查。这项调查面向 1273 名女性进行，调查结果刊登在《法兰西晚报》上。受访者被要求在关于未来趋势的三个预言中认可其中之一：

——"妇女继续穿戴胸衣，这会使她们的胸部更美，使她们更加迷人"，表示认可的：52%。

——"妇女更愿意挑选轻薄、透明的胸衣，以便让胸部舒适自然，同时避免肌肉松弛"，表示认可的：42%。

——"妇女将逐渐不穿胸衣"，表示认可的 4%。

《法兰西晚报》据此刊登出如此标题："94% 的法国女性反对放弃胸衣！"。

中立性

调查机构有义务在设计调查问卷时将其睿智运用到确保中立性上，尽管出资调查的客户有意让问题具有偏向性以引导结果，或仅仅是无法轻易摆脱其固有的商业或政治逻辑思维，而没意识到其所建议使用的问题表述具有偏向性。我还记得曾经为法国《人道报》(*L'Humanité dimanche*，法共主办) 设计的一份调查问卷。时至秋日，彼时的时事话题，是关于设立困难家庭开学补助金的草案，具体补助金额尚在政府机构内部讨论中。这家法共周刊的经理不顾我的反对，一再坚持让我问这个问题："您更希望这笔补助金是 500 法郎还是 1000 法郎？"

我们要承认这点：当某些追求个人利益的客户委托订制的调查偶然地出现在媒体上时，人们会对这些调查机构的把戏不屑。不过，我们也要注意到，这种情况正越来越少。好像是调查这个职业比以往更依靠严格的职业伦理准则。或者好像是调查机构的客户逐渐更能接受专业人士介入问卷最终版本的设计。抑或，更可能的是，两种情况皆有。

紧接而来的是，在政治调查中，关于问题表述的常见问题。美国盖洛普公司在其网站上举了下面这个例子：关于总统候选人，在候选人的名字后面加上政党的名称，是否会更为可取？是否应当也注明副总统候选人的名字？盖洛普归纳出这条原则：最好是最大限度地模仿投票日当天公民在投票单所看到的表述。

我们也要相信，有些问题在不同的调查中反复被提出会更好，因此必须逐字地引用相同的表述，以便能够进行历时比较。例如，CSA 用相同的问题来测量法国民众对海湾战争和科索沃干预行动的看法，以及评估法国民众对近些年各种社会矛盾（长途卡车司机、护士、教师、民航飞行员、农民……）的反应。同样难能可贵的是，伊福普 60 年来用同一个问题来测量共和国总统或总理的民望。

用词和问题甄选

另一项永恒的选择是：让受访者回答多选题还是单选题。

比如，我们可以这样问："您更赞同还是更不赞同下列意见？"在这些所要测验的意见中，我们可以提出这种意见："尼古拉·萨科齐是一位能干的总统。"我们也可以这样提问："您认为尼古拉·萨科齐是一位能干的总统，还是无能的总统？"

这两种表达都是合理的。但应当知道的是，第一种表达没有提供备选项，因此会收到更多的肯定回答。当我们在报纸上阅读民调结果时，不应当只看标题和百分比，还必须看一下调查问题是什么。答案是对应激物（问题）的一种反应。不了解应激物的准确属性，我们无法正确地评估反应。

我们愿不愿意明确地向受访者提供诸如"我不知道"或"我没机会问自己这样的问题"之类的备选答案？尽管没有这些备选答案，受访者还是会回答他们不知道或他们没时间考虑。民调机构由果溯因地在调查结果报告中设立一个"不表达意见"的答案。不过，应当知道的是，问卷中明确包含这种选项，会增加选择这种答案的概率。

同样，在备选答案（"很多""相当""很少""完全不"）中，加入一个中间的选项，如"一般"或"都不是"，会增加选择这种答案的概率。人们不得不在同一类型的种种答案中选择一些有细微差别的答案，包括中间的答案，或者在成对的对立答案中选择一个答案。两种表述问题的方式都肯定是合理的（取决于人们想研究什么），然而，应当知道的是，两种表述方式会产生不同的结果。因此，数十年来，研究"左右派量表"的专家陷入了一场无休止的争论：是要提出奇数量级的量表，比如7层的量表（受访者可以选择中间立场），还是偶数量级的量表，比如10层的量表，（中间派）被调查者不得不选择中左或中右？

在诸多难题中，我们尤其要提一下这种情况：是否要在题干中解释为何要测验舆论或改革的原因？举个例子：人们很清楚，问"您是赞成还是反对公共汽车车票涨价？"这个问题，比起"为了使年轻人可以免费出行，您是赞成还是反对提高其他乘客的车票价格？"这种问法，得到的结果是不同的。在这个例子里，两种表述方式都是合理的，取决于想获得怎样的信息。但应当清楚地意识到提问会带来怎样的偏向性。同样，是否应当提及某项法案或改革的推动者？问受访者是否赞成"缩小社会分裂"或是否赞成"雅克·希拉克提出的缩小社会裂痕"，其结果是不同的。用词的斟酌向来颇为微妙。"同意（approuver）""支持（soutenir）"和"赞成（être favorable）"这三个词的语意不相当。"赞成社会公正""反对社会不公"和"帮助弱势群体"也是如此。

如何设计问题，会带来无尽的烦扰，其中包括如何在一份问卷中编排问题的先后顺序。事实上，对某个问题的回答，会受到前面问题的影响。例如，如果问一些有关最喜欢的政党的问题，同时这个问题被安排在 5~6 个有关社会党的问题后面，那么"社会党"会被高估：在特定氛围中，有些受访者，尤其是对话题没有很确定的看法的受访者，会受到前面问题的影响。照此，我们很容易就能理解，当我们问受访者"投票是否一项公民义务"时，回答"是"的受访者在回答调查人员提出的下一个问题时就不大敢透露在下次选举时自己是否会弃权。因此，应当格外注意避免一个问题受到另一个问题的"感染"，或者如果调查包含几个连续的话题，避免一个话题受到另一个话题的"感染"。

两波调查结果或两个调查机构所作的两项调查结果之间出现一些表面的矛盾，不用其他的原因解释：相关问题在问卷中的排列顺序不一样（即可解释）。

有时，同一时刻公布的调查结果似乎也会矛盾。媒体有时会从中获利。诚然，一切都有可能（任何的调查结果都包含误差边际；现场调查工作做得比其他人好也是可能的）。不过，矛盾往往只是表面的：事实上，受访者回答了两个完全不同的问题，经过粗浅的分析，结果显得相互矛盾。埃马纽埃尔·里维耶回顾道，"1986年美国对利比亚实施空中打击后公布的民调结果可以作为这种情况的案例。其中一项调查明确提及轰炸和'黎波里'和'班加西'等字眼，结果仅仅将近40%的受访者对行动表示支持，而另一项调查的问题只泛泛地提及'美国干预'，结果六成的受访者对此表示赞同。在像上述案例这种情况下，多数受访者会赞同对一个恐怖主义国家采取严厉行动的原则，但不会对一个同样威胁到平民的战争行为表示赞同。"

我们举个媒体广为报道的在法国新近发生的例子：这是2010年8月进行的关于法国国民对尼古拉·萨科齐总统所采取或建议的针对移民或罗姆人的"安全"措施的反应的调查。争论的核心是：伊福普为《费加罗报》所做的调查和CSA为《玛丽安娜》周刊（《Marianne》）所做的调查之间产生矛盾，而两项调查时间仅间隔一周。我们要注意这几天的差别：关于一个引起广泛讨论的充满争议的话题，舆论会随着讨论中出现的观点而变化，这些观点在舆论初期并不为人所意识到。此外，上述两家民调机构所用的方法也不同：伊福普的受访者以自主填写调查问卷的形式受访，在问卷中，他们要回答是否赞成一系列措施（一旦受访者对最前面的措施回答"赞成"，这种方法会让他们更容易对后面的措施回答"赞成"）；CSA的受访者则通过电话逐个回答问题。

最终结果：伊福普的受访者赞成萨科齐的所有倡议；CSA的受访者则不赞成。一个结果公布在支持总统政策的《费加罗报》上，而另一个结果公布在抨击总统政策的《玛丽安娜》周刊上。《解放报》借此（在 8 月 14 日和 15 日发行的报纸上）对"左派的 CSA 受访者"和"右派的 IFOP 受访者"之间的反差嘲讽一番。关于更多的细节，读者可以到上述两家民调机构的网站去查阅这两项调查结果的详细分析。这里，我们仅指出以下两点。

伊福普的受访者明确倾向于接受安全措施（针对累犯的电子监控手链、针对杀警犯的不可减轻的刑罚、针对获得法国国籍不满 10 年的重罪犯剥夺其国籍等）。

CSA 的受访者认为萨科齐 8 年来推行的安全政策对于打击危害人身财产的犯罪行为以及城市暴力和金融轻罪而言毫无效果，他们认为社会不平等才是导致犯罪率上升的原因，远比移民的因素起到的作用大。

我们很清楚，一项针对几项安全措施的民意调查得出的结果与一项针对整体安全政策及其效果的调查是不同的。比如，关于剥夺犯有袭警重罪的新入籍移民的国籍，我们看到调查结果是不同的：伊福普的调查样本中，70% 的受访者表示赞同剥夺国籍；CSA 的调查样本中，51% 的受访者表示反对。

然而，除了上文提到的提问方式不同，以及两次调查间隔时间里法国民众能够听到反对论据而不仅是总统宣布的政策之外，伊福普的问题提及对"杀警犯"进行惩罚；CSA 的问题则表述为"故意伤害警务人员生命者"。尤其是，伊福普只记录赞成或反对相关政策的回答，而 CSA 在给出二选一选项的同时，还为各种可能的回答提供了论据：在一种情况下，人们会赞成剥夺国籍，因为"行为严重时，所获得的国籍应当予以重新审视"；在另一种情况下，人们则会反对，因为"法律面前人人平等"。我们很清楚，面对这些信息元素（媒体讨论中很常见），受访者可能会重新思考他们的回答，特别是在一周以后。人们充其量不过是感到遗憾，民调机构没有充分说动他们的报纸客户，更好地考虑讨论的所有论据。

至于其他，确实有些人表示"赞成"某些措施，但对其是否有效持强烈怀疑的态度。对于2007年以来政府推行的改革（包括在经济和社会方面的改革），同样如此：法国民众更倾向于接受这些改革，尽管没什么人相信它们会有效果。

同样，关于移民的调查，法国民众同时表达出三种多数的意见，它们看似相互矛盾，但又共处自如：对移民群体持不信任的态度，因此，赞成采取针对移民群体的特别安全措施；对这些安全措施能否解决轻罪问题持怀疑态度；认同权利平等和人道主义，任何"歧视性"待遇都可疑。表面上看，互为矛盾，民意调查阐明了一个永恒的社会辩论，无以决断。

民调结果出现矛盾，还有一个经典的案例：受访的样本不可相比。因此，自学者保罗·拉扎斯菲尔德（Paul Lazarsfeld）关于媒体选择性展示（exposition sélective）的著述发表以来（50年来多次被证实），我们知道，某档电视节目吸引的首先是忠诚于该档节目或该档节目主持人的公众，抱有成见的电视观众是很难被说服的，因为他们……不看该档节目。在政治上，一位右派的电视观众倾向于不看左派领导人的节目，因为他知道自己不会喜欢节目的内容，反之亦然。

典型例子：一位政治人物在电视上发表讲话。人们想了解节目的影响。最严谨的方法是面向一组代表所有人口的样本进行调查。所有的公民都可能被涉及：认真收看整档节目的人，没有从头看到尾，但在电视新闻里看了一些片段，从广播里或报纸上"听说过"，抑或与朋友或熟人谈论过。当然，在公布调查结果时，最好明确说明每类公民（全程收看节目的人、仅收看一部分节目的人、完全没有收看节目的人）的回答所占的比例。结果总是印证选择性展示法则：越是相关政治人物的支持者，越是收看节目（越是全程收看节目），越是表示被该人物"说服"。从一档节目到另一档节目，只有赞同度在变化。

由此，法国的民意调查有很多机会能够测量共和国总统电视讲话的影响（如 CSA 所做的民意调查，从弗朗索瓦·密特朗总统发表电视讲话起，CSA 一直开展这种调查）。这些调查总是面向所有法国公众来测量总统电视讲话节目的影响，并记录面向有效电视观众和面向全体公众的不同影响。

随着"舆论之路"的诞生，在尼古拉·萨科齐总统任期内，我们看到有些民意调查只是测量收看电视讲话节目的法国民众的反映。报纸只会根据整体结果拟定标题，并不会从技术角度去考虑被调查样本的不同。因此，媒体上充斥着对不同民调机构的"矛盾"结果的评论。人们把面向全体法国民众的调查结果和仅针对有效电视观众的调查结果进行比较，而收看总统电视讲话的有效电视观众必然更多的是表示同情的，因此更加信服。

当然，出于一种谨慎的态度，有识之士会自问"舆论之路"公司改变调查方法的原因：为什么只是询问电视观众？人们会自问，假如一家民调机构希望发布更有利于总统的调查结果，而且知道有效电视观众从结构上来说对总统更有利，它是否会有意决定只询问这部分公民……出于一种同样谨慎的态度，人们会留意到 CSA 和《巴黎人报》在实践了数十年的方法论（遵循自拉扎斯菲尔德以降的传播社会学的学说）之后也突然发生了改变，突然决定仅询问收看尼古拉·萨科齐 2010 年 11 月 16

日电视讲话节目的电视观众……

顺便说一下，人们会提到"法国人"，"法国人"的意见。我们要注意不要偷换概念。我们要懂得区分法国人的"多数意见"和"法国人"所表达的意见（在一项民意调查中，少数意见本身也促进总体意见的形成）。正如埃马纽埃尔·里维耶不无风趣地写道："当（调查）数据超过半数仅仅一个或两个百分点时，人们就会有很强烈的愿望，说道或者写道'法国人赞成罢工'或'法国人反对罢工'。这种叙述的严谨和准确程度就如同人们写道'法国人是女性'或'法国人生活在大城市'。"

如何设计问卷是件颇费脑筋的事……且不提人们有时会有意提出"糟糕的"问题。例如，我们知道，问纳税人是否赞成增税，是徒劳无益的，但如果人们希望分隔出一小部分赞同增加税负的人群并加以研究，那么提这个问题还是有用的。

实地调查及其方法

建好样本，设计好问卷，接下来就要进入"实地调查"阶段，即由调查员对受访者进行提问。对于财力雄厚的调查公司，调查员是训练有素的专业人员，用各种合乎法律形式的方法进行工作，既可以是全职也可以是兼职。他们背景各异：兼几份工作的年轻人、退休人员、高校毕业生以及零起点的人，后者必须"在工作中"接受培训。无论如何，有件事情是确信无疑的：一家调查机构的资质首先取决于其实地调查团队的可信度。正是他们负责收集资料数据。因此，资料数据的质量与调查员的工作质量直接相关。正是出于这个原因，人们对那些由按件计酬的大学生所做的调查表示怀疑：这些大学生与这个行业的关系不大，但又想让自己的努力有所回报，因此有时会"瞒天过海"，自己填写调查表，或者在配额上弄虚作假，比如把某个同学的身份改为49岁的工厂工人。

也是出于这个原因，在严谨的调查公司里，调查员也被配备监督员。比如，后者会再打电话给所谓的受访者或者上门访问，来核实他们的回答及个人特征是否准确无误，或者在前者电话访问时，后者从另一个录音间同步听取内容。最好的调查，会有六分之一的受访者经过随机核实。对专业人员实行如此严格的监督，人们会感到惊讶。但是，确保不出现"弄虚作假"的情况是至关重要的，而诱惑却是巨大的。

关于实地调查，首选是询问法。可以通过邮寄、当面、电话或互联网的方式向被调查者提出询问。当面调查是最常用的方法，调查员直接向被调查者进行询问。在法国，近半数的调查采用这种方法，但民意调查采用这种方法的则越来越少。在民意调查中，电话调查法和网络调查法正在或已经大范围取代当面调查法。电话调查法的使用相当普遍，而网络调查法的使用也越来越多，近些年，不仅在美国，而且在欧洲，尤其在法国，其上升势头迅猛，正在取代当面采访。

当面调查可以在很多地方进行。可以是上门调查，所有政治调查都是这样进行的。根据上文所述的方法对调查样本及其代表性进行监督。被询问者表达自己的意见有安全感，因为他们身处在熟悉而自然的环境中，询问在最佳的条件下进行。

然而，出于便利的考虑，选择其他的地点，是必要的。要调查某些商店的顾客或在报刊亭购买报纸的人，显然，选择在这些商店或报刊亭附近的街上进行访问，更为实际。总的来说，若调查对象是具有代表性的样本，则应当优先考虑上门调查：某个时间点去某条街，并不属于随机。相反，若调查对象是特定样本，"街头"调查能得到很好的结果。而且，街头调查的成本远低于上门调查：例如，我们可以想象一下调查员依据上门调查的代表性样本找齐《解放报》读者的样本单位所需的工作时间……

有些调查会在工作地点以及交通工具上进行，事实上，几乎到处都可以进行调查。当然，这取决于所要研究的对象。CSA 针对无固定住所者所做的一些调查要求极为严苛，在与相关协会负责人进行深度磋商后，既在街道上，在地铁里进行调查，也面向经推敲的收容中心样本进行调查。

我们要牢记，对于经典的政治调查，当面调查要上门进行，至少严谨的调查公司是如此做的。

负责当面调查的调查员要培训如何保持中立性，不论是其外表，还是询问过程，都要保持中立性。他们要能够进入所有人的家里，被所有人接受，不会让任何人感到不快。美国的资料表明，与种族歧视有关的调查话题，调查员是黑人还是白人，其结果是多么的不同……总的来说，最好让同一种族的调查员对该种族成员进行询问，同样，与性有关的问题，必须让同一性别的调查员对受访者进行当面调查。

调查员应当感同身受地倾听受访者的回答，为访谈营造一个充满信任的氛围，但绝对不能让受访者猜到自己的个人意见；应当以相同的方式向所有受访者提问；面对受访者的要求，不能进行额外的解释；不能对受访者的回答进行评论。举个我在巴黎政治学院研究生的例子，引以为戒：他询问一位电视记者是否认同其所工作的频道的公共地位；在后者给出肯定的回答后，他嚷道（记者后来告诉我）:"真的吗？您是第一个这样回答的人！"这些基本的规则并不像看起来那么简单：被调查者经常乐于用谈话或无休止的独白来替代访问，在这过程中，他们会详细地阐释他们观点的精妙细致之处。

对于速度优先的时事调查，以及对于如今大多数的民意调查，当面调查已基本上被电话调查所取代。显然，电话调查耗时远少于当面调查，同时成本也明显低。一位调查员在调查公司的呼叫中心工作一小时，比起一位调查员走街串户询问潜在的受访者，从提出的问题数量来看，效率更高。

电话调查也改善了样本的地理分布和代表性，这点人们提得并不多：借助电话调查员，在100个或200个调查点，对一组包含1000人的样本进行询问的成本，不会比在20个或30个调查点进行询问的成本高，然而如果是当面调查，出于成本的原因，人们会犹豫是否增加调查点。此外，人们也不愿派一位调查员去荒谷深处（调查分布在那里的样本单位），即使从取样角度来看，这样更为可取。但人们会毫不犹豫地进行电话调查。

对于具有全国代表性的样本，使用电话调查的前提是人口的电话普及率高。在今日的欧美世界，就是这种情况，家庭的电话普及率超过95%。这虽尚不完美，但已臻于完美。况且，除了便于设计样本的地理分布外，电话经常能够让调查员更好地触及某些人，而如果是当面调查的话，调查员难以到这些人家里进行上门调查。20世纪70年代后期，法国的民调机构观察到这种现象：由于政府免费为老年人安装电话，老年人成为调查员容易接触得到的人，而之前，正是他们由于担心而犹豫是否给调查员开门。更何况，对于调查员而言，比起门禁对讲机，电话自动应答机没那么令人生畏。

移动电话的飞速发展，手机和"智能手机"的持续快速增长，给调查机构带来了一个新的挑战。其影响可能是重大的：在一些国家（如法国），一些人口阶层（年轻人）使用手机的比率明显高于固定电话；在其他国家（如非洲国家），往往各个社会阶层都用手机，但却没有家庭固定电话。

因此，调查机构要面向使用手机或只使用手机的人（mobile only）进行调查。一般来说，调查机构在由固定电话用户组成的常规样本上添加一个手机用户的附加样本。他们要么通过抽取号码（法国手机号码以 06 开头），要么根据移动通信运营商提供的名单，设计附加样本。出于成本的考虑，调查机构并不是在所有调查中都设计附加样本。然而，在像法国这样的国家，面向"传统"人群和面向"只使用手机"的人群进行的调查，尤其是政治调查，不会得出不同的结果，这是经过试验调查证实的。看到这种现实，调查机构能够聊以自慰。

我们可以想象一下，在将来，"只使用手机"的人在电话调查中会占据更加重要的位置。不论是固定电话还是手机，在法国以及在大多数发达国家，电话成为有关时事的民意调查必不可少的工具。

人们有时也采用邮寄调查。问卷通过邮局进行邮寄（有时，对于面向"领袖"进行的调查，通过传真或电子邮件发送问卷）。填写完后，问卷以相同的方式寄回。从代表性角度看，这显然是最糟糕的方法：人们不知道究竟是谁回答了问卷。诸如回答率超过 30% 的情况，已令人感到非常满意，但这种情况也很少见。往往是与话题关系最密切的人或对调查问题最狂热的人坚持回答问卷。

此外，这些问卷是以自主提问的形式进行作答的，样本个体在回答前能看到问卷上的所有问题；在没有监督的情况下，他们可能会在相关的特征上撒谎，特别是他们的性别或职业。

总而言之，我们只在万不得已的最后关头采用邮寄调查的方式。比如，没有其他方法可用，或者面向协会会员或刊物订户进行调查，在这种情况下，人们知道他们是均质的，必要时，可以进行局部检验（一种方法是，在尊重匿名作答原则的同时，通过某些有区别的标记在问卷或回执信封上"标记"被调查者的不同类别）。

应该也提一下当面调查中采用的自主提问的方式。例如，针对大企业的员工进行的调查就采用这种方式：所有员工按数十人一组，填写调查问卷，由调查机构的一位调查员在场监督，解释填写规则，同时担保调查的匿名性。这是一种"课堂作业"式的调查。然后，对收集到的数据进行统计处理。这种方法得出的结果是极好的。最终，九成企业员工（事实上，扣除员工缺勤的因素后，是全部的员工）表达了意见。

最后，肯定无疑的是，近年来，互联网正在改变调查行业：这是个简单、低成本、常用的手段，可能与全世界的人接触，向所接触人群发放问卷，后者可以直接作答（无须付调查员薪酬）；甚至可以向其发送视频片段（如电视画面或政治节目片段）或者录音（如广播信息），以及向其进行"在线"问卷调查。简言之，人们逐渐可以通过网络进行全部的专业化调查，且成本大大降低。互联网提供了一个新的调查领域（例如可以调查网民在网络论坛上的"发言"）。总而言之，互联网终会被看作，甚至已被看作调查机构最青睐的工具之一。严谨的调查机构已经很清楚这种趋势，而其他的则略显后知后觉……

互联网介入

按照互联网的发展速度,有关互联网的问题,是要确定在民意调查领域运用这种工具从现在起怎么做才是合理的。我们举个例子,一家调查机构受某家研究机构委托通过互联网征询研究人员意见。没有任何异议:所有相关的研究人员都上网,他们受邀访问一家网站,"在线"回答问卷;这家网站还在线提供有关调查的参考资料,以便研究人员查阅。还有一个例子,当一些调查机构面向"全体网民"进行调查时,这是理想的,条件是他们要以令人信服的方式解释他们如何能够确定所设计的样本是"全体网民的代表"。但当调查机构力求通过互联网进行有关选举、传媒或大宗商品的具有代表性的大众舆论调查时,显然他们面临一些风险。这有双重理由。

在任何国家,即便是在家庭信息化和互联网使用程度最高的北欧国家或美国,网民——尤其是经常在家里使用网络的活跃网民都无法完全代表总人口。因此,在网络上设计具有代表性的样本,是相当复杂的。即使越来越多类别的居民开始上网,男性网民的比例往往要高于女性网民,他们更多来自中上阶层,与总人口相比,他们的生活方式让他们有更多的文化活动。诚然,人们可以"修正"样本,以消除这些统计缺陷。但应当确保这样的修正不会让样本和结果出现失真,正如几十年前的电话调查一样(我依然记得当年法国调查机构的执牛耳者面对包括我在内的一些人用电话进行政治调查的意愿所发出的尖叫声),通过互联网进行绝大多数政治舆论调查的时代即将来到。但钟声尚未完全敲响。

我们在此要补充一点,一些网民喜欢隐藏其真实属性,他们通过给出虚假的性别、年龄、职业信息，来自我伪装。在网络上，也更加难以进行验证。一些调查机构会回答说："我们通过机器进行修正，以使样本具有代表性。"这是去制造另一个近似值，本身就有两面性。从统计角度来看，这种方法是存在风险的，因为必须在很大程度上"扭曲"数据，以使网民具有与法国人口相似的特征：在几千个个体中，一位农民或者一位"75岁以上者"在代表性样本中所占据的分量是其自身分量的10倍、20倍、30倍……此外，所有调查都表明，即使性别、年龄和受教育程度都相同，网民有时也有与全国平均水平不同的行为（文化、消费）和价值表现。简言之，与整个社会相比，他们在文化上更加开放，在社会上更加"自由和宽容"。人们也看到，极端政党的选民，如法国极右政党"国民阵线"的选民，比其他选民更愿意接受网络调查，或许是因为他们的行为更具"战斗性"。

因此，将网民样本（即使经过统计"修正"）作为政治调查或民意调查的代表性样本，往往是似是而非的。的确，这方面的研究进展迅速，所做的探索往往也是有说服力的。大量通过电话和网络同时进行的调查，得出的结果是一致的。从这个角度来说，美国所进行的调查，尤其是"哈里斯互动"（Harris Interactive）公司所进行的调查，具有积极意义。这些调查是面向配备电脑且能上网的美国民众样本进行的。通过电子邮件，定期向这些样本进行询问。这种具有代表性的调查对象之于方法论的进步是必不可少的，正如不久以前其之于电话调查一样。事实上，通过网络进行的调查正逐渐变得更加可信，尽管人们尚未完全解决上文提及的一些问题。由此发展出几种调查类型：电子邮件调查；通过由网民组成的具有代表性的调查对象，或者通过他经常访问的网站，招募受访者（向他们提供微薄的报酬，或让他们参加抽奖，作为其接受询问的酬谢）。

网络调查、电话调查、当面调查、邮寄调查：世界级调查机构熟练运用全套的实地调查方法，根据不同的调查对象和出资人所期望的性价比，每种方法都有其用武之地。毋庸置疑，成本更低是网络调查的好处。除此之外，与电话调查相比，通过网络进行的调查不会带来其他任何好处。我们要补充一下，每种方法都在不断改进。当面访谈仍然可以采用"纸笔法"，调查员对受访者的回答做记号。但从今以后，也可以采用电脑辅助面访法（Capi，也称作机辅人访）：调查员配备一部手提电脑，在电脑上记录受访者的回答，并将其直接上传到调查机构的信息处理中心。不仅加快访谈进度，降低誊写错误的风险，还可以通过手提电脑屏幕向受访者展示所要调查的图像、声音、影音文件：针对海报、节目、公关广告反映的调查由此成为可能。

电话调查的技术也在发展：随着电脑辅助电话访谈系统（Cati）的普及，调查员坐在电脑屏幕前，看着他要提问的问题闪现在电脑屏幕上。系统设置自动"审查"功能（例如：某些问题只提给法国共产党的同情者，电脑屏幕就不会对其他受访者显示）。调查员直接在键盘上输入被调查者的回答。调查机构的负责人可以实时跟踪收集到的调查结果。

借助自动电话呼叫系统（尤其是预测拨号系统），调查员无须再拨电话号码，机器自动拨号。以"红名单"为由提出异议的情况不再出现：通过电话交换局的号码进行自动拨号，红名单上的人与其他人有相同的机会被呼叫（准会听到他们惊奇地问道："你们是怎么拿到我的号码的？"）。同样，机器可以控制调查的配额，以及进行回拨，尤其是对不方便接听电话或电话占线的人进行回拨。

先进的程序自动化技术促使许多西方的调查机构（实际上法国所有的大型调查机构），将电话调查的总部外迁：为一家法国公司工作的调查员从巴黎或一座外省城市呼叫法国公民的情况越来越少，相反，从非洲城市卡萨布兰卡、突尼斯市或（科特迪瓦经济首都）阿比让拨打法国号码的情况则越来越多。鉴于当地的工资水平低，调查成本显著降低。

仿效 Capi（机辅人访）和 Cati（机辅话访）的说法，人们将在互联网上进行的调查称为 Cawi（电脑辅助网络访谈）（机辅网访），被调查者通过家庭或办公电脑访问一家网站，对网站在线提供的问卷进行实时作答。

对于某些调查，某些调查机构采用完全自动化的程序，不借助调查员。通过语音进行调查，要求被调查者按与选项相应的语音键（"是"按 1，"否"按 2……）回答每个问题。对于一些简单的调查，这个系统得出的结果尚令人满意，但坦率地说，这些没有人工介入的方法看起来不适用于政治舆论调查（在此类调查中，被询问者对人的存在和仔细倾听是很敏感的）。因此，这些方法很少用于政治议题调查。

不论采用何种技术，很显然，一家调查机构的"实地调查"是中枢，其质量容不得约略。

统计处理和结果报告

实地调查阶段后，只剩数据处理及结果报告编写。信息处理显然有其复杂性，但也并非调查领域所特有的。信息处理是根据所希望的可变参数对结果进行分拣。比如，按照被调查者的特征信息（性别、年龄、政治倾向等）对调查问卷的回答进行"分配"。必要时进行更为复杂的分析，如态度尺度、析因分析、对应分析、类型学分析等。总而言之，人们力图建立不同参数之间的可解释的联系，来判读和分析确保调查结果。

在民意调查方面，信息分析员的介入还包括进行必要的修正，以使样本尽可能具有代表性。实际上，人们能够预先设计一组代表所要调查总体的样本，但实地调查中出现的问题可能会使样本代表性发生偏差。人们可能多访问了几位女性，少访问了几名年长者，多访问了几名高管……通过数据处理进行修正，能够让每类个体在所要调查的总体结构中保持相应的准确比例。如果这些做法"美化"一个到两个百分点，这是可以接受的。然而，现如今一些知名的调查机构的某些实际做法，人们不会轻易地表示认同，比如，在当面调查中，只对设计样本中半数的农民进行访问（农民住得更加偏远，调查成本更高），然后修正样本，让一名受访者代表两名受访者……在选举调查中，也必须对样本进行政治修正，我们在下一章中将进行论述。

在理解本章所研究的各个阶段（从某种意义上来说略显枯燥无味）的同时，我希望，大家也能够理解到民意调查是门行当。这门行当需要严谨，在实践中，不断发展技术手段的同时恪守职业伦理。在这门行当里，时间因素和成本因素总是迫切的。在这门行当里，保持谦逊之心，力求正确收集数据，远离操纵术或旧框框的束缚……

第四章
选举：民调机构掌握选情动态

> 献给我的助手们——我首先想到的是克洛德·苏凯（Claude Suquet）。

民调实践的发展以及竞选期间公布民调结果的做法越来越深刻地改变着选举的游戏规则。允许我再次引用这个比方：在环法自行车赛上，一些摩托车手手持精确到分秒的小提示板跟在选手后面，向参赛大部队和冲刺小分队提示各个车队的领先和落后情况。自小提示板出现后，环法自行车赛已经不再是和以往一样的赛事了……

从诞生前的历史到广为认可

在上文中，我们回顾了1936年美国总统选举对于提升民调技术的地位起到了多么重要的作用，民调得出的结果比媒体组织的"稻草投票"更好。在法国，尽管让·施托策尔从20世纪30年代后期就勇敢地涉足政治调查，但直到二战结束后（因为二战期间没有选举），伊福普公司（IFOP）才开始测量选民投票意愿。

1945年10月，伊福普针对将于当月21日举行的法国全民公决的两个问题做了（战后的）初次民调。调查结果显示，对于两个问题，投"赞成"票的选民意愿分别为93%和67%。而全民公决的最终结果为96%和66%。在专家眼里，选举民调的可信度开始确立，但大众甚至媒体仍旧觉得跟自己关系不大。

在1945年到1965年期间进行的历次大选投票、立法选举或全民公决中，伊福普民调机构所做的调查得出的结果与实际结果非常接近，实际上，这也为民意调查方法做了最好的广告。唯一真正意义上的失手发生于民调业诞生初期，也就是1946年5月5日的那次全民公决，伊福普所做的调查结果显示，赞成的一方将赢得54%的支持率，而实际结果却只有47%（这么大的统计误差令人尴尬，尤其是反对的一方赢得了全民公决）。至于成功的案例，则不乏其数：1946年10月举行的全民公决，这个法国首家民调机构预测赞成的一方赢得53%的支持率（实际结果为53%）；1958年9月28日举行的全民公决，预测赞成的一方赢得78%的支持率（实际结果为79%）；1962年举行的立法选举，预测左派得票率为37%（实际结果为39%），中间派44%（实际结果为47%），右派19%（实际结果为14%）。

伊福普独占法国选举和政治调查舞台长达20年之久。它确立了民调的地位，传播了民调值得信赖的形象，促进了民调方法的进步。然而，伊福普和政治调查所获得的声誉，仅仅局限于专家、记者和社会学者这几个圈子。或许，主要是因为一些人依然记得1948年民调在美国遭遇的挫折，当时的民调预测，杜鲁门（Truman）将输给杜威（Thomas E. Dewey）5个百分点，结果却是杜鲁门领先杜威5个百分点当选。

在法国，1965年12月，法兰西共和国总统选举首次以直接普选的方式进行，选举民调在民众和媒体层面上获得了"胜利"。在这次选举中，1958 年出任总统的戴高乐将军，作为右派候选人获得了所有右派力量的支持。只要翻阅当时的报纸就会发现，观察家们普遍预测，戴高乐将军将在首轮投票中轻松赢得连任（这意味着他的得票率超过 50%）。但左派最后达成一致推选弗朗索瓦·密特朗作为唯一共同候选人。尤其是，中间派决定推选让·勒卡吕埃（Jean Lecanuet）作为候选人，这使戴高乐将军的支持力量发生分裂；而与此同时，让·勒卡吕埃也展开了一场"美国式"的竞选活动。

随着竞选活动的时段节奏，伊福普民调机构连续发布了 10 份调查结果。从接连发布的调查结果中，人们看到支持戴高乐将军的选民投票意愿在瓦解，从第一波调查结果 68% 大幅降至最后一波调查的 43%，最后他在实际选举中仅获得了 44% 的选票。民调结果反映了真实情况，揭示了选民投票意愿的波动，对于这种波动，连当时最精明的分析家也只是有所保留地相信。某些投票意愿调查结果的精确度没有如此高（在最后一次调查中，勒卡吕埃的选民投票意愿为 20%，而选举当天仅获得 15% 的选票），但这无伤大雅，对于民调而言最为重要的是，预测到戴高乐将军并非一轮就当选，而是处于悬而待定的状态。

1965 年总统选举之夜，另一起事件让人为之一振：伊福普与一家名为法国运筹学中心（CFRO）的信息处理公司合作，在欧洲 1 台（当时的主流电台，主要受众为干部和政界领袖）组织选举结果快速预测活动。对于今天而言，这种活动看起来稀松平常，甚至时效很慢。最后一批投票站在当晚 8 点关闭，但直到当晚 9 点半人们才知道需进行第二轮投票，到 10 点才从节目里听到戴高乐将军的预测得票率在 43%～45%。然而，这是人们首次在最终结果出来前以预测的形式获悉结果。次日凌晨出炉的官方计票结果证实了预测结果。

然而，这种预测并非一种民意调查。法国所用的预测技术是以这样一个现实为依据：按照不同市镇规模，各个投票站的关闭时间分别为18点、19点和20点。因此，有可能将在上述不同时间段关闭的投票站所记录的真实结果，与这些投票站在之前的选举中所记录的结果进行纵向比较，从而计算出此次选举的预测结果，并随着所采用样本中最后一批投票站结果的出炉，对预测结果进行修正。这并非是一种民意调查，因为没有调查员对任何一位选民进行询问：人们在全国范围的投票站样本上对一些真实的结果进行分析。在美国和大多数进行选举结果预测的国家，情况也一样；所用的技术可能各有不同（人们可以以组成代表性样本投票站的部分计票结果为依据，也可以以该国不同地区的时差为依据，还可以以一些由现行选举制度所决定的特殊方法为依据，进行预测）：总之是根据已统计的选票进行统计预测，而不是通过对被调查者进行询问。

然而，自从1965年大选之夜起，预测选举结果为民意调查带来了很大的声誉，因为这是由民调机构主办的活动。即使是在时隔40余载后的今天，开展这些预测活动的法国民调机构（伊福普、CSA、伊普索斯、索福瑞、舆论之路）依然难以向大众，甚至是身为这些预测服务顾客的媒体解释清楚，选举之夜的预测与民调技术毫不相干。与1965年一样，这些选举结果预测今日所获得的巨大成功往往继续被归功于民意调查的信用。当回头看发现最后公布的民调结果与实际结果相比存在较大偏差时，由于民调机构在选举之夜举办的预测活动效果很好，人们也就更容易谅解他们。

自20世纪60年代后期以来，随着民调机构同行竞争的加强，以及纸媒、广播和电视媒体对民调工具的兴趣与日俱增，选举民调获得极大发展。继续以伊福普为例，对民调机构所做的选举民调结果进行研究表明，民调方法具有可信度。1974年总统选举，伊福普在选举前做的最后几次民调结果显示，在首轮投票中，弗朗索瓦·密特朗获得的选票为45%（实际结果为43%），瓦勒里·吉斯卡尔·德斯坦为30%（实际结果为33%），雅克·夏邦·德尔马为15%（实际结果为15%）。1981年总统选举，民调结果显示，瓦勒里·吉斯卡尔·德斯坦（右翼）获得的选票为27.5%（实际结果为27.8%），弗朗索瓦·密特朗（社会党）为23.5%（实际结果为26.1%），雅克·希拉克（戴高乐派）为17%（实际结果为18%），乔治·马歇（法共）为17%（实际结果为15.5%）。

出于篇幅原因，本书仅提及法国的结果。但我们知道，民调在美国以及很多国家都持续获得了"成功"。比如，1996年① 美国总统选举，盖洛普公司所做的选前最后一份民调预测，克林顿领先布什8个百分点胜出，而投票日克林顿实际胜出布什6个百分点。尤其在德国，大型民调机构一直在发布一些精确度很高的调查结果。

民调等于选举

选前民调的精确度由此得以确认。人们甚至可以作出这样的推测，这种精确度让决策者对民意调查产生名副其实的害怕感。他们开始担心，民意调查的可信度日益得到社会认可，将

---

① 原书有误，经查应为1992年。——译者注

最终成为影响选民投票决定的一个因素：发布具有可信度的选情力量对比，会让选民觉得选举结果已经"板上钉钉"了，从而产生连锁效应，让民调结果领先的政党从中获益。这大概是法国议会投票通过关于选举民调结果发布的 1977 年 7 月 19 日法律的原因之一（关于这项法律，我们在本书最后一章中将继续讨论）。

总之，民意调查与选举关系甚密。特别是每届总统选举都有助于民调工具的普及。这是非常个人化和媒体化的选举。媒体与选民都喜欢民调数据，这些数据使其能够持续关注总统选举这场"赛马比赛"。

1965 年总统选举之夜，民调机构开始预测选举结果，从这个意义上来说，1965 年的选举具有奠基意义。以民调为衡量尺度，1969 年的选举则更具开创性。当时的民调结果使得记者和选民能够实时证实了右派的阿兰·波埃（戴高乐将军辞职后，一度出任临时总统）的败落，乔治·蓬皮杜的当选，以及左派社会党候选人加斯东·德费尔（Gaston Defferre）的溃败和共产党候选人雅克·杜克洛（Jacques Duclos）的上升。

在 1974 年总统选举中，瓦勒里·吉斯卡尔·德斯坦与弗朗索瓦·密特朗势均力敌，各项民调准确地预测了形势，因而，此次大选进一步加强了民调在政治生活中的作用和可信度。然而，或许要等到 1981 年的大选，民调才最终入选选举工具。民调和电视成为选举时期法国政治生活的两大主菜。在媒体上，选民投票意愿调查被大量有关选民动机、投票理由、选民感兴趣的议题、候选人个人和政治形象的调查所取代。在路易-哈里斯调查公司，我与《快报》周刊合作，发起了一项研究，通过调查选民的期望，将之与其对每个候选人回应这些期望的能力的认知联系在一起,来测验一种选举选择模式。在竞选活动期间,人们了解了为何失业议题位居选民关切之首,弗朗索瓦·密特朗如何在这一议题上占据主动,以及为何他能最终胜出。同样与《快报》合作,路易-哈里斯调查公司首次发布一项以焦点小组访谈法所做的调查(对组成样本的相同选民进行多次询问),这种方法能够掌握个人的变化。对在不同调查中投票意愿会发生变化的选民,加入一个公开的议题,以了解其变化的理由。

在此后,民意调查以一种近乎强制的方式为法国总统竞选活动划分了节奏。在最近几次总统选举中,确切地说,在1995年、2002年和2007年大选期间,广播和电视媒体几乎每天公布一项民调结果。选举中的相对"非意识形态化"可能也加剧了这一现象。在候选人的竞选纲领等基本问题上,毫无新颖的东西值得评论或讨论,在这种情况下,媒体只好将候选人的最新民调结果作为报纸"头条"或电视新闻节目标题。然而,必须补充的是,报刊在竞选期间也提供了极为丰富的素材:社会政治态度与投票之间的联系,选民的社会学形象,天主教徒的选票,胜选的预测和期待,决定时刻,希望出台的政策和领导层组成……

在这段时期内,法国选举民调的方法不断丰富。在1983年市镇选举期间,让-吕克·帕罗迪(Jean-Luc Parodi)领导下的伊福普民调机构仿效英美国家的做法,引入投票站出口民调方法(也叫投后民调,即对刚刚投票后,走出选票箱的选民进行调查)。此后,CSA和伊普索斯在所有的选举中都运用这一方法来分析选举情况。对于政治学者和研究选举行为的社会学者来说,投后民调是一种无法替代的工具:面向几千个选民所做的投后民调，使得能够对投票行为进行深度的社会学分析，并提供选民投票决定的数据。此外，在所有投票站同时关闭的选举中，比如欧洲议会选举，投后民调还能在广播电视选举之夜节目刚开始时暂时代替选举结果预测。在这些选举中，投后民调给出了很好的结果，例如 1994 年和 1999 年的选举。投后民调有时还有这样的好处，它能够测量刚刚表达的态度以及受访者有可能"修正"的态度：2002 年 4 月 21 日，在 CSA 所做的投后民调中，20% 年龄介于 18 岁至 24 岁的青年选民表示把选票投给了极右翼的让－玛丽·勒庞。而由于之后几天的社会强烈抗议行动让这些投票者产生了犯罪感，于是，在索福瑞和巴黎政治学院政治研究中心（Sofres/Cevipof）所做的选后民调中，仅仅只有 13% 的上述选民表示在第二轮中投票给勒庞。

滚动民调（rolling polls）是 1992 年美国总统选举的战略家们发明的技术，1997 年由 CSA 引入法国。滚动民调的做法是，每天在先前的样本中新增一部分要询问的人的样本。这种技术使得能够在几天的时间段里具备一个充分广泛的代表性样本，并持续地"更新"样本，以便随着竞选活动的开展跟踪选民的波动。

总而言之，选举民调已变得非常重要。可以说选举民调已成为选举民主的常见点缀。

测量误差和"厨艺"

如果选举民调公司不出错的话，更确切地说，如果政治人物认为民调公司没有超出可接受的误差边际红线的话，所有一切都臻于完美。然而，从最近的一些情况来看，似乎不是这样的情形。我们一起来看看民调在1995年法国选举中的"败笔"。

1995年的总统选举：首轮投票之夜，一场激烈的论战随之爆发。4月23日，左翼候选人利昂内尔·若斯潘（Lionel Jospin）在首轮投票中得票率位居首位，领先于右翼候选人雅克·希拉克。没有任何一份选前民调预测到这种情况。所有的民调公司都"出错"了。究竟发生了什么？

出于公平起见，尽管CSA当时并非政治指责的主要目标，我们仍以CSA所做的选前调查结果为例，既然我当时在这家民调机构负责选举民调。我们一起来看看CSA在4月20日和21日为法国国际广播电台所做的选前最后一次选民投票意愿的调查结果。该结果在4月22日的新闻发布会上对外发布结果显示：

阿莱特·拉吉耶（Arlette Laguiller）（极左）的支持率为6%（4月23日投票的实际结果为5.4%），

罗贝尔·于（Robert Hue）（法共）为8%（实际结果为8.7%），

利昂内尔·若斯潘（Lionel Jospin）（社会党）为19.5%（实际结果为23.2%），

多米尼克·瓦内（Dominique Voynet）（绿党）为3.5%（实际结果为3.4%），

爱德华·巴拉迪尔（戴高乐派右翼）为19%（实际结果为18.6%），

雅克·希拉克（戴高乐派右翼）为24%（实际结果为20.5%），

菲利普·德维利耶（Philippe de Villiers）（极右）为6%（实

际结果为 4.8%)，

让-玛丽·勒庞（极右）为 14%（实际结果为 15.3%），

雅克·舍米纳（Jacques Cheminade）（极左）为 0%（实际结果为 0.3%）。

根据这些数据，以及选民所表达的犹豫和偏好的指征，我对投票可能出现的波动范围进行了分析，形成了一份文件交给媒体，并进行了评论。4 月 23 日晚，九名候选人中有七人的得票率位于 CSA 给出的范围内。两名候选人的得票率超出预测的范围：若斯潘的得票率超出预测上限 1.2 个百分点；希拉克的得票率超出预测下限 2.1 个百分点；这正是著名的测量误差所在：换作以往或其他场合，这样的测量误差足以令我们的同行满意。

不管怎样，民调结果让政治人物，尤其是保卫共和联盟（RPR）的政治人物，产生了一种期待，即希拉克能够在首轮投票中得票率居首。所以，从当晚 8 点起，这些政治人物开始在各个频道上协调一致地落实反民调的清算策略，而不是正视选举传递的政治信息。

统计误差很小，相关政治人物却将事情放大？或许如此吧。尽管误差边际很小，但结果却颠倒……民调学者为出现这种颠倒的结果找了各种理由。他们抬出了在最后时刻才作出决定的选民人数不断上升这个理由（在 CSA 所做的出口民调中，近 20% 的选民表示在投票日当天才会最终作出决定）。他们着重指出，选举前所做的民调已开始记录到雅克·希拉克的民意曲线图走势（CSA 在 4 月 12 日所做的民调显示，希拉克将获得 27.5% 的选票，在 4 月 20 日所做的民调显示，希拉克将获得 24% 的选票，在 4 月 23 日的投票中，希拉克实际获得 20.5% 的选票，这延续了已记录的曲线图走势）。

这些理由当然都成立，但似乎也面临一个测量误差的问题，或者更准确地说是修正时的误差问题。

法国选举民调的难点之一在于，为确定选民投票意愿所进行的修正的幅度。当调查员进行询问时，有些法国选民的代表性样本会撒谎。有些处于政治谱系两端①的选民在当面调查或电话调查中不敢表露其要投票给共产党或"国民阵线"的意愿。因此，在未修正样本中，这两股政治力量一贯被低估。要是这些胆怯的、难为情的或多疑的选民拒绝回答就好了……但他们当中很多人宁愿"退而求其次"，表示会投票给与其实际支持的政党相近但被认为"可公开承认"的政党：一些共产党选民表示会投票给社会党候选人；大部分"国民阵线"的选民会选择保卫共和联盟（后来的人民运动联盟，即戴高乐派）。这导致社会党和保卫共和联盟（或人民运动联盟）的选票被高估。好像这还不够，还应该考虑弃权的选民，其中一部分选民不敢公开表明他们自己觉得会被认为不太具有公民责任感的态度，因而会向调查员表达某种不使自己名誉受损的意愿，于是，他们会表达出投票给绿党的意愿。这样的结果轮到绿党的选票被高估，而弃权的选票被低估。

知道自己的拍照效果不好，舆论摄影师们被迫整修照片。这点无可指摘。自有民调以来，人们便不断地论述对样本进行修正的必要性及形式。德国民意调查机构 Allensbach 的领导人伊丽莎白·诺埃勒－诺依曼（Elisabeth Noelle-Neumanne）女士甚至自创了"舆论气候"和"沉默的螺旋"理论，来说明这些现象：既然存在一种主要的政治意见，部分公民就会选择隐藏

---

① 指极左和极右势力。——译者注

自己的不同意见；因此，在舆论光谱中，应当给予这些不同意见应有的地位，显得合情合理。诚然如此。但在德国，根据政治标准对样本所做的修正，仅涉及两到三个百分点。在法国，被调查者隐瞒意见的情况则要多得多，在未修正的结果中，经常连所要询问的共产党选民或极右翼选民的样本数的一半都达不到。样本的统计失真变得更加难以掌控。人们经常在报刊上读到一些民调机构领导人的访谈，他们声称这种现象已大幅减少。可惜，完全没有这回事。

（除了在最终确认选民投票意愿时将选择的坚定度、是否最终选择以及支持者的意愿表达纳入考虑外）常用的照片整修或政治修正方法之一是，重建过去的投票情况：组成样本的选民被要求说明在以前的选举中是如何投票的。当然，他们同样可能撒谎。但在这种情况下……人们知道以前投票的真实结果，因而手中握有修正的钥匙：被调查者所声称的情况与官方结果之间的偏差。这种技术长期以来都得出了出色的结果，如有必要，还可以同时运用一些更小幅度的修正方法，如选择的坚定度（"我完全确定自己的投票选择"）或最终性（"我还会改变主意"）。

但是，如果选举发生前所未有的变化，或者，如果选民为了让自己显得更为合理，为自己以前的投票行为虚构了与真实情况不同的投票选择，抑或，如果选民的"谎言"在以前和现在之间摇摆，那么基于重建过去的投票情况的修正模式，其局限性凸显。这正是1995年发生的情况，仔细分析数据后，我发现了这种情况。事实上，民调机构所收集到的结果是准确的，但被自己的修正指数引入歧途，导致产生偏差，尽管偏差范围相对而言较小。实际上，一些以前支持左派的选民对左派的执政效果感到失望，在1993年至1994年的选举中，转而投票支持右派，而此次选举，他们对调查员表达了投票给希拉克的意愿。然后，随着竞选活动的深入，这些左派选民还是放弃投票给希拉克，又转而支持若斯潘。但与此同时，在告诉调查员自己在1993年至1994年的选举中的投票情况时，他们杜撰了一种实际上并不存在的逻辑：他们声称当时投票给社会党。既然在重建过去的投票情况时这些选民人数被"夸大"，这就导致调查公司按照相同的比例调低支持若斯潘的投票意愿，而将支持希拉克的投票意愿维持在一个（过）高水平的位置。选情逻辑重构仍然是法国民调所面临的一个严峻的挑战，在一个选民政情和意识形态解构化的时代，民调机构无法避免继续遭遇这种糟糕的意外。

由于受访者会对其投票意愿的最终性进行自我测量，因而问题更为复杂。长期以来（目前仍很经常），一位表示"还会改变主意"的选民在做决定时表现出一种不稳定性。但越来越多的情况是，那种"不会改变主意"的想法在选民看来是愚蠢的：怎敢断言自己不会关注竞选辩论呢？如何确信自己对选举期间所发生的事情能视而不见呢？因此，一些对自己的投票意愿确信无疑且绝不改变的人，开始表示他们会改变主意。

1997年的立法选举：在1997年的立法选举中，关于1995年的论战硝烟再起，尽管规模较小。然而，这次选举中首轮投票前所做的选民意愿调查堪称完美，第二轮投票前所做的国民议会席位预测也很理想。以CSA为例，该机构在5月21日和22日做了最后一份民调，其结果在《日内瓦论坛报》上发布，结果显示极左翼政党的得票率为3%（5月24日的实际得票率为2.6%），共产党为10%（实际得票率为10.2%），社会党为 28%（实际得票率为 27.8%），绿党为 6.5%（实际得票率为 7.7%），保卫共和联盟和法国民主联盟组成的竞选联盟为 37.5%（实际得票率为 36.6%），"国民阵线"为 15%（实际得票率为 15.1%）。多么出色的结果！[①]

在议会席位方面，CSA 在 5 月 28 日和 29 日所做的民调结果同样刊登在《日内瓦论坛报》上，显示极左政党获得的议会席位为零（6 月 1 日的最终结果为零），共产党 32 个席位（实际结果为 37 个），社会党 283 个席位（实际结果为 282 个），右派联盟 261 个席位（实际结果为 257 个），"国民阵线" 1 个席位（实际结果为 1 个）：这次民调也很好地预测了议席分布。

但是，在媒体的再三要求下，民调机构同意从首轮投票前起就发布议会席位预测结果。这些预测与实际结果相去甚远，预测显示右派席位领先（右派获得 300 个左右的席位，而左派仅获得 250 个左右的席位）。这不是测量误差的问题，而是民调机构和媒体不够谨慎。我们知道，选民在第二轮投票的最终态度，只有在获悉首轮投票结果的基础上才会确定。因此，任何依据首轮投票前所掌握的选民投票意愿所做的席位预测都靠不住。在这种情况下，民调机构公布了这样的预测结果，却没有充分地提示做预测的时间范围，毫无疑问，它们犯了错误。《巴黎人报》在发布选民意愿调查及议会席位预测结果时，总是会刊登民调机构的提示："CSA 提醒读者注意，这些结果应当被视为截至调查日期的力量对比，无论如何，不得将其视为是对投票日结果的预测。" 但是，仅此提示可能还不够，并非所有的

[①] 为确保最终选举结果少受民调的影响，法国规定在选举前两周不再公布民调结果，于是，民调机构选择在国外媒体上刊登最新民调。——译者注

读者都是政治学者，他们不知道第二轮投票时的真实态度只有在首轮投票后才会确定下来。

总之，对于民调机构而言，确定选民投票意愿是一种生产劳动的结果，在原始调查数据中，加入对样本的分析，这种分析包括对实地调查结果进行修正，有时，修正的幅度甚至比较大。人们称之为民调机构的"厨艺"。社会学者米歇尔·苏雄（Michel Souchon）如此写道："我要强调一下社会学和政治学分析在建立这些数据方面的重要性。[……]如果原始数据和匡算数据之间没有差距的话，民调机构就不必倚靠政治学者。事实上，后者在民调机构的组织机构中占有重要席位。民调机构需要政治学者，因为只有政治学和选举学的分析才能确保得出反映选民意愿的数据。"但米歇尔·苏雄得出的结论是，民调机构最好同时公布原始数据和经修正的数据（其称为匡算数据）。

对于这个结论，我不敢苟同。要是发表明知朦胧或与现实相去甚远的照片，该怎么说呢？厨师会不会把食料摆上顾客的餐桌，在端出菜肴的同时附上菜谱？再强调一遍，民调行当是从事一项专业的生产活动。严格地说，调查的原始数据没有任何意义，如果发布这样的数据，只会误导公众，因为他们所看到的是被数据提供者鉴别为并不真实的数据。

民调机构在实践中应当力求透明。专业人士也会出错，要不断地对其运用的测量工具进行思索，并予以完善。他们必须接受来自科学界的批判，来自客户的批评，以及可能来自民调委员会的指摘（所有的调查文件，包括原始数据，都要转交给民调委员会）。在我看来，他们不应当发布明知不准确的数据，向读者提供谬误的指示。在一个阴谋论再度浮现的时代，在一个部分人偏信民调操纵论的时代，要求同时发布每个候选人或每份名册的多种数据，这种想法令人遐想：民调机构在发布经过专业处理的数据的同时，也发布其他的数据（原始数据以及经过其他方法修正的数据）；我们能够想象得到用户的评论是何其纷繁芜杂，大家各取所需，采用自己最满意的数据。这样，民调机构确定最终数据所要承担的责任，得以免除。不过，这是否让每个用户有理由以专业调查者自居？

2002 年的总统选举： 我们继续回顾。尽管民调引发的论战已成为法国一道常见的政治风景，但这一年的总统选举，民调引发的论战更为激烈，批判之声如暴雨般倾泻，因为所有的民调机构都没有"预见"让-玛丽·勒庞在 2002 年 4 月 21 日晚晋级第二轮投票。

媒体在选后的报道拿民调机构开刀。在政治层面，不再有任何输家；唯有民调机构犯了错。更为严重的是：人们会听到在 4 月 21 日投票中弃权或投分散票的选民不无懊悔地说道："我要早知道……嗨！要是民调机构早告诉我……！"枉费全民调行业的人在广播电视节目和报刊专栏中费力提醒：民调结果只是图片，不具任何预测性，而且包含误差边际；越来越多的法国选民在最后时刻才作出决定（在 4 月 21 日这个周日，这一比例高达 17%）；犹豫不决的选民人数比我们选举历史上任何时候都要高，投票日出现意外情况不可避免。然而，所有这些都被抛到九霄云外，选举已经结束：民调机构（又）搞错了，欺骗了我们。

反之，我们不能傲慢或自满：民调是一种近似的、经验论的测量技术，会有失手的情况发生，必须不断予以完善。抽样、询问和数据修正的方法，要不断予以更新完善，使其跟得上舆论变化的步伐。

从民调机构在2002年总统竞选期间的表现中，我们能够得出怎样的教训呢？我们以选前最后十天所公布的两份民调结果为例（引用CSA的两份民调结果，以免同行有话说），与最终投票结果做个比较。

总统候选人	2002年4月10日至11日所做的民调结果	2002年4月17日至18日所做的民调结果	2002年4月21日投票结果	最终误差
弃权、白票和无效票	35	31	30.4	0.6
希拉克	21	19.5	19.7	0.2
勒庞	12	14	16.9	2.9
若斯潘	19	18	16.1	1.9
贝鲁	5.5	6	6.9	0.9
拉吉耶	8	7	5.8	1.2
舍维内芒（Chevènement）	7	6.5	5.3	1.2
马梅尔（Mamère）	6.5	5	5.2	0.2
贝桑瑟诺（Besancenot）	1.5	3	4.3	1.3
圣若斯（Saint-Josse）	3.5	4	4.2	0.2
马德兰（Madelin）	3.5	3.5	3.9	0.4
于（Hue）	5.5	5	3.4	1.6
梅格雷（Mégret）	3	2.5	2.4	0.1
托比拉（Taubira）	1	2.5	2.3	0.2
勒帕热（Lepage）	1.5	1.5	1.9	0.4
布坦（Boutin）	1	1.5	1.2	0.3
格卢克斯坦（Gluckstein）	0.5	0.5	0.5	0

从上表中，我们看到：民调结果与投票结果之间的误差，总体来看不大（每位候选人的平均误差为0.8个百分点），用误差边际就能很好解释，甚至不用考虑周四周五（做最后一份民

调的日期）和周日之间不可避免的差异。民调结果与实际投票结果差距最大的候选人是勒庞（误差不到 3 个百分点，离投票日还剩 3 天）和若斯潘（误差不到 2 个百分点）。更令人满意的是，选前十天所做的民调和选前三天所做的民调之间的变化，表明了候选人的支持率正在发生变化，而且这种变化将会持续：若斯潘、拉吉耶、于、舍维内芒、马梅尔的支持率以及弃权率呈下行趋势；勒庞、贝鲁、托比拉、贝桑瑟诺、圣若斯的支持率呈上升趋势。从统计学角度来看，上述民调结果很好地反映了选举的力量分布。我们顺便提一下，民调委员会经常会对"弱势"候选人的民调结果的相对可信度提出反对意见，不过在这里类似的反对意见已没有立足之地，因为统计学家能够预见这一点（对他们而言，误差边际的绝对值更小）。对，人们会提出反对意见说，数据是准确的，但第二名和第三名的先后顺次不准。显然，这就是弱点所在。

我们来回顾一下：最后一份民调结果表明，勒庞（得票率为 14%，且处于上升趋势）最终可能超过若斯潘（得票率为 18%，但呈下行趋势）。此外，在选前最后几天时间里，民调学者的所有评论和所有访谈都围绕着这个问题。在选前最后几天时间里，我本人在广播电视节目中以及与记者和政治人物的接触中，反复强调说这就是投票的未知因素。时任伊福普主席的洛朗斯·帕里佐（Laurence Parisot）女士，当时跟我做着同样的事情。人们可以"预言"若斯潘仍然能够晋级第二轮投票，或勒庞最终晋级。但这已是预言的问题。在预言方面，民调机构显然不会比其他任何人更为擅长。我们要补充的是：即使投票日当天，选民投票意愿已不再变化，即使样本的组成单位更多，民调也无法给出两位得票率相差仅 0.8 个百分点的候选人谁会领先的结果。很明显，误差边际的存在使得无法得出如此精确的结果。

我们不能就此仓促地得出结论说，民调对于了解竞选进展来说用处不大。尽管人们不会对舍维内芒、马梅尔、贝鲁、拉吉耶、于或马德兰获得的选票感到意外，但他们的支持者往往会推测他们获得的选票与此不同，而正是民调结果显示了各候选人之间得票率的高低起伏……民调结果受到质疑，与勒庞和若斯潘的最后排名顺次倒置有关，而民调结果却无法告诉人们更多的信息。人们抱怨的是，民调结果让选民误以为第二轮投票注定是希拉克和若斯潘的对决。但是，谁会在5年的时间里这样认为：公共舆论还是民意调查？谁会一直这样认为：民调机构还是候选人？

诚然，当民调机构方法出错时（这种情况会发生），必须进行思索。应当提醒民调机构要不断完善其所用的技术，尤其是原始数据修正方法。不过，要民调机构为选民行为的过错负责，难道这不荒谬吗？这些选民硬说民调机构要对其自身的选择或其所支持阵营的失误负责任。经历了5年时间的左右共治，政党遗忘了其主要承诺，左派与人民群众决裂，政治领袖无力组织起首轮投票，以致有四分之三的选民宁愿弃权或不投票给希拉克和若斯潘：人们果真应当去非难民调机构？即使人们理解没能准确预测出最后排名顺次是多么令人恼火的事情以及不断努力避免此类问题是多么恰当的（依然还要去非难民调机构）？

2007年的总统选举：由于对2002年总统选举的那一幕犹记于心，因而观察家们在2007年总统竞选期间往往与民调结果保持距离。在给自己选择余地（CSA 公布了不少于 27 份的选前民调……）的同时，媒体，尤其是政治人物，一直在贬低民调结果，当民调曲线图变化在他们看来是靠不住的，也就是说不利于自己的时候，更是拒绝相信民调结果。弗朗索瓦·贝鲁无疑是最充满敌意的。竞选接近尾声，民调显示他的支持率大跌，预测其将在首轮投票中出局。贝鲁对此极为恼火。仅仅是因为 2002 年 4 月 21 日的记忆？还是希望利用这段记忆来限制最新民调结果对选民的影响？

尽管如此，民调仍然很好地记录了竞选期间影响选民的重要进展。民调机构预测了尼古拉·萨科齐领先，塞格琳·罗雅尔的优异表现，弗朗索瓦·贝鲁的强势上升、波动和最后时刻的下滑，犹豫不决的选民人数比例，以及人民运动联盟和社会党各自推出的候选人趋势。此外，"弱势"候选人的支持率再次被准确地测量出来。仅仅是让－玛丽·勒庞的支持率被一些民调机构高估（尤其是 CSA）。无疑，民调机构吸取了 2002 年被猛烈批评的教训，在修正有关数据时，过度谨慎，选择了对其最有利的数据。

这回，候选人的最后排名被准确地预测，误差区间完全可以接受。不过，如何测量极右选民的意愿仍然是个问题，在这个问题上，民调机构应当继续努力。当较大比例的选民向民调机构隐瞒其投票意愿时，这确实是这种（对样本进行询问的）方法的局限之一。

民调和选战

民调在选举时期的贡献不局限于在媒体上发布的选民意愿

或与选举有关的民调。随着选举临近，政党成为民调机构的重要客户。

政党订制民调具有多重目的。

遴选候选人：有些政党或同属一个政治联盟的两个政党会让民调机构在部分选区进行民意调查，以确定哪位政治人物是能够在下次选举中代表其阵营出战的最佳人选。在随之而来的政党领导班子和有意竞争候选人资格的政治人物之间的协商中，民调结果往往是决定因素。有时，部分有意竞争候选人资格的政治人物会自己出面做反面民意调查，以期能够更好地捍卫自己的竞争机会。

竞选主题：重要的是去倾听选民的呼声［按照街区（quartier）、乡镇（canton）、社层轮廓（contours sociaux）来进行］，并精细地衡量选民对执政情况的评价，选民的期待、关切和愿望。如果说竞选人随时准备接纳"被调查者的纲领"，这显得夸张讽刺。不过，如果说选民的意见对竞选人的信念毫无影响，则犹如天使般天真。有人多次建议我参加市镇选举，理由是我比任何人都更为了解选民的愿望！总之，政治人物经常借助此类民调，来评估在捍卫自己竞选主张时必须绕过的舆论障碍。

候选人形象和政党形象：选举不单单是竞选纲领和政党派别问题，还涉及人格魅力。民意调查能够确保对竞选人（民调机构的客户）及其竞争对手的优势和弱点进行精确客观的分析，以便其更好地决定哪些是需要坚持的，哪些是需要改进的以及哪些是需要竭力深藏的……于是，一些在民调中被指责为"高高在上"的市长候选人，竭力在街头巷尾进行象征性的走访，让人拍摄照片，以显示其亲民。

竞选手段的影响：与商业宣传活动一样，民调显然也被用来预先测验竞选方案（宣传海报、传单、邮件、电视宣传片），继而测量这些方案（名望度、赞同度、信服度变化……）对不同选民群体的效果。

因此，民意调查运用到主要候选人竞选活动的各个阶段，所谓主要候选人，是指那些有经济实力去委托民调的候选人或那些所属政党能够为其订制民调的候选人。对于参加总统选举、立法选举、市镇选举（至少在中等规模的城市如此）甚至是区议会选举竞选的主要政党候选人而言，民调逐渐成为一种寻常的工具。

候选人及其竞选团队可以对民调加以利用。此外，在今天，一位没有使用民调工具武装自己的候选人，看起来是否足够"严谨"？需要这些民调结果的人，首先是政治人物的政治营销顾问、公关顾问和"亲信"。基于这些民调结果，他们能够制定营销策略，更好地了解目标群体，客观地评价竞选宣言的影响，对候选人的问题进行调整，确保获得最佳的宣传效果。托尼·布莱尔（Tony Blair）和巴拉克·奥巴马（Barack Obama）的竞选幕僚在竞选活动中已被媒体捧为明星，可见已经达到了如此地步。在法国，随着1981年弗朗索瓦·密特朗赢得总统选举，雅克·塞格拉（Jacques Séguéla）不也因为设计了竞选海报而被捧为明星吗？

最终得看候选人如何采纳其幕僚依据民调结果给出的"建议"或"命令"。在法国政治人物当中，从"不愿相信民调"而固执己见的政治人物，到很容易因民调结果而改变个人主张的政治人物，一切皆有可能。几十年来，法国政界对民调的使用，持之以恒，令我感觉仿佛如眼前之事……然而，我们不要夸大民调结果在候选人确定自己主张过程中所起的作用。政治人物有自己的信念和纲领，往往会恪守己见。民调首先确保他们能够了解各类选民的态度，以便更好地传递自己的主张。

无论如何，政治人物正在学习如何读懂民调。确实，参加公职竞选的候选人，很了解自己所在的城市、选区，会在市场或楼梯间与民众握手，会到货台前喝一杯。确实，候选人与社团、政党活动分子、社区委员会、合作者或友人保持着接触。这些接触绝对不可或缺。但是，这些接触可能具有欺骗性（不论人们希望与否，比起其他人来说，人们总是更加容易碰到自己的政治朋友）或局限性（社团圈子或政党活动分子的圈子无法反映选民的种种意见，尤其是众所周知的"沉默的多数"）。在这种情况下，汇集选民意见（谁是调查出资人，选民并不知情）的民调就是一张没走样的照片，有时，它会让自认为很了解选民的市长或议员候选人大为惊奇。

不论是地方选举，还是全国选举，民调都对候选人的生活产生着直接影响。首先是精神上的影响：人们惊奇地看到哪怕民调上升一个百分点（在误差边际允许范围内）都会引起候选人及其竞选团队兴奋不已。即使是从统计学角度来看无关紧要的下滑幅度，都可能在支持者中引发焦虑、不安，甚至背弃行为……人们往往会想起这些总统候选人和他们幕僚的表现：1974年的雅克·沙邦－戴尔马（Jacques Chaban-Delmas），1988年的雷蒙·巴尔（Raymond Barre），1995年的爱德华·巴拉迪尔（Edouard Balladur）或2007年的弗朗索瓦·贝鲁（François Bayrou）[①]，当民调曲线图日益明朗时，当他们在民调中落后于

[①] 上述几位不成功的总统候选人都出自右翼阵营，同一政党或派别出现了2位候选人。——译者注

相同阵营的其他候选人时,或者,当贝鲁被预测无法晋级第二轮投票时,该如何评价呢!

其次是媒体上的影响:"畅销书"现象在政治上也起作用。一位候选人在民调中越边缘化,越会被媒体忽略。不论是地区性的出版广播电视媒体,还是全国性的媒体,都是如此。媒体会逐渐放弃关注注定落选的候选人、弱势候选人和支持率走下坡路的候选人。因此,竞选民调的发布,正逐渐导致加大"有机会赢得选举"的候选人和"凑热闹"的候选人在媒体上的待遇差距。

民调和选民

受益于民调的发布,选民正在以不同于以往的方式体验选举。他们知道正在对其发表演讲的候选人此刻的支持率是30%还是3%。他们知道候选人竞争程度的数据,他们知道哪位候选人正在领先以及领先多少。这是在本章开头我们所谈论的"环法自行车赛提示板"效应。

所有有关"策略性投票"的论据由此具有一个维度,而这个维度由民调进行解释。民调,这个帮助竞选人作出决策的工具,逐渐也成为帮助公民作出投票决定的工具。人们不再仅凭意识盲目投票,人们知道自己的投票会对力量对比产生怎样的影响,人们会权衡自己投票的责任和分量。因此,每个选民都成为选举的战略家。

事实上,民调完全不"等于"选举:正如选情社会学教给我们的那样,公民是根据结构性因素(所属阶层、宗教信仰、受教育程度和收入水平)和形势性因素(确认最能代表自己的候选人、对当前最重要议题的分析、候选人的治理能力、个人形象）进行投票的，而形势性因素更加重要。民调的直接结果，要么产生"乐队花车（band-wagon）"效应——引起部分候选人投票给"民调获胜的"候选人，要么产生"哀兵（underdog）"效应——部分候选人自发投票给民调支持率下滑的候选人。所有的研究，尤其是美国所做的研究表明，总的来看，这种现象显得边缘化。我们不要把民调这种即时的工具当作自始至终的选举。

然而，在关键时刻，民调结果似乎能够显著影响（注意我说的不是决定）部分选民的投票。首先，公民自己也承认，民调对其投票具有一定影响，不过影响有限。在 CSA 所做的投票站出口民调中，1992 年关于《马斯特里赫特条约》的全民公决，仅 4% 的投票者表示民调结果是影响其投票决定的因素之一，1993 年立法选举和 1994 年欧洲议会选举，这一比例仅为 3%，1995 年总统选举为 5%，2007 年总统选举也是 5%。

我们要指出的是，民调在选民投票决定中所起到的影响作用，比起其他手段，还有很大差距。CSA 民调公司在 2007 年总统选举时所做的出口民调显示，41% 的投票者认为电视是影响其投票决定的最重要的因素，30% 的投票者认为是报纸，20% 的投票者认为是广播，24% 的投票者认为是与亲友的交谈，7% 的投票者认为是网络。不过，民调比竞选传单、竞选海报或讽刺类电视节目所起到的影响作用要大。仅 4% 的投票者认为竞选传单最能影响其投票决定，2% 的投票者认为是竞选海报，4% 的投票者认为是讽刺类电视节目。

在竞选阶段进行的定性调查中，人们往往会遇到这样的情况，参与由民调机构组织的小组座谈会或非指导性访谈的人会自发引用媒体发布的民调结果。在上述情况中，民调很少会被列为讨论对象,但民调却常常被引用来支撑某种立场、论证和投票意愿。

的确,很难确定民调结果的发布对某次竞选活动的成功或失利起到怎样具体的作用。显然,只能猜猜而已。不过,我们一起来回顾一下1974年、1988年和1995年总统竞选的情况。

1974年:当乔治·蓬皮杜总统在任上病逝时,很大一部分中间派和保守派选民在经历了长达16年之久的戴高乐和蓬皮杜执政后希望能有所改变,但不是突然的决裂。雅克·沙邦-戴尔马宣布参加竞选后,马上获得大多数评论员的热捧,认为其赢得选举"如探囊取物"。瓦勒里·吉斯卡尔·德斯坦随后宣布参选(俩人均属右翼阵营)。头一波民调结果显示,两位候选人的得票率几乎平分秋色,这大大出乎了媒体的意料。这些民调只是记录了竞选起步阶段的形势。但是,这些民调似乎让部分选民(渴望改变的保守派选民以及起初支持沙邦-戴尔马的选民)转而支持吉斯卡尔·德斯坦,后者的可靠性正得到民调证实。随着吉斯卡尔民调支持率不断上升,这种可靠性变得更为明显。换言之,民调并非通过损害沙邦的利益来使吉斯卡尔"获胜":是他们各自的竞选活动和各自回应保守派选民关切的能力导致了这样的结果。但是,在人们印象中,民调结果的发布,使沙邦丧失了"策略性投票"的手段,同时给予吉斯卡尔更大的知名度,无疑加速了吉斯卡尔的胜利。

1988年:这一年的选举,轮到雷蒙·巴尔(Raymond Barre)被预测将赢得选举,然而在竞选过程中面对雅克·希拉克(与巴尔均属同一政党)却逐渐被"边缘化"。但后者在一波接一波的随后民调中获得的支持率显著攀升,尤其在竞选接近尾声的时候。身为保卫共和联盟主席的希拉克在民调曲线图中的领先地位不断巩固……获得了更为有利的媒体评论。这并不妨碍左翼候选人弗朗索瓦·密特朗在第二轮投票中胜出。但在首轮投票前，仿佛一波又一波的民调浪潮托起希拉克的竞选活动。

1995年：悲剧再次在保守派阵营上演。就在这一年，依然是雅克·希拉克使评论员普遍看好的候选人爱德华·巴拉迪尔黯然失色。在竞选过程中，希拉克获得决定性的民调优势，使其能够以"朝气蓬勃"的候选人形象出现，去面对一个"正在走下坡路"的竞争者。

我们可以看到：上述案例中，发布民调结果并非获胜者选票变化的根源所在。相反，我们甚至可以引用这些案例来说明民调的影响有限：不论是巴尔，还是巴拉迪尔，竞选初期所做的民调显示他们能够赢得选举，结果却双双败走麦城。

但是，既然民调能够使每个人了解力量对比的状况（我们所说的"提示板效应"），那么在一个阵营里，连续发布民调结果就仿佛起着变化显影剂和放大器的作用。这种影响的正当性有待商榷。有人以民主的个人主义理念的名义对此感到遗憾或予以谴责。1977年的法国立法者即属于此，其制定的法律禁止在选举投票前一周内发布选举民调（见第五章）。

我们宁可认为，掌握力量对比，对于选民权衡得失是非常有用的：选民可以在了解底细的情况下，完全负责任地进行投票。毫无疑问，对于力量对比的掌握最好是基于严谨的民调机构所做的民调结果，而不是基于传言、报刊主笔的暗示或主观印象。

第五章
民调与民主

> 最后献给持以下看法的读者：正当且可考量的公共舆论之存在十分重要，而且必须坚持不懈地、谦虚地从科学知识和民主发展的角度赋予它表述的手段。

自其诞生以来，民意调查，或者更确切地说，民调结果的公布总是引发政治论战。在政治晴雨表或选民投票意愿调查中排名靠后的政治领导人通常会抱怨，并借此要求摒弃这些调查。1980 年，在一档电视节目中，面对着以抨击民调机构著称的社会党议员路易·梅尔马兹（Louis Mermaz），一名记者道出了心中的不解："只要民调结果对弗朗索瓦·密特朗（François Mitterrand）先生有利的时候，至少这种情况还是很多的，我本人没有听到，相信很多人也没有听到梅尔马兹先生对公布民调结果提出任何异议！"这位来自伊泽尔省的议员则假装温和地说："不仅我本人没有，也没有任何一名社会党人提出异议；我们甚至为此感到高兴，我坦率地向你承认这点……"①

　　这则小故事很好地说明了对民调持保留态度和反对立场的原因所在。就此而言，民意调查与报纸上刊登的新闻处境相同：当信息内容有碍自己时，似乎可以"光明正大地"对信息源进

---

① 见 Antenne 2 电视台 1980 年 2 月 13 日午间节目。

行指责。显然，这种情况对于民调来说更为常见，也更加轻而易举。民调结果被认为是反映公共舆论，而政治人物则要说服公共舆论……因此，民调机构的老客户几乎总有理由去贬低民意调查，或者质疑某些对其不利的民调结果。我们就不一一列举了，不过，要是编个选集的话，雅克·朗（Jack Lang）和爱德华·巴拉迪尔（Edouard Balladur）无疑会入选。雅克·朗在1978年3月14日出版的《巴黎日报》中写道："我是完全反对进行民意调查的。"1995年总统选举期间，当CSA所做的一份民调显示雅克·希拉克支持率首次领先爱德华·巴拉迪尔的那晚，后者在被法国电视一台（TF1）询问时，大呼"真够离谱！"

然而，即使只是对某位失败者言论的理想化粉饰，批判经常也会走得更远。直到对民调的影响提出怀疑，批判民调是导致民主堕落或"民主污染"的原因所在。"民主污染"是引述法兰西学院院士、戴高乐派政治人物莫里斯·德吕翁（Maurice Druon）的说法。这是他发表于1972年9月5日出版的《世界报》上的一篇著名文章的标题："它们（民意调查）使民主游戏走样，在竞选期间，以及所有选民都没做好选择前，组织三到四次的伪投票，给人以错觉［……］。选民不再是按照自己的信念和表达的义务，而是根据代表其意见的投票比例进行投票。"民调结果的影响是有限的，这在上文中已有论述，但无关紧要。这不过是一个政治哲学的论据：投票日当天，选民不再仅靠自己的意识信念（事实上，他们也从没有过吧？）；民意调查为选民提供了有关舆论状况的信息（正是我在上一章所述的"提示板效应"），这将会歪曲公民选择的内在民主属性，从本质上来说，公民的选择是个体的、个人的选择。

我们再重复一遍：民调结果的公布改变了选举的游戏规则，

这是一种民主的进步：它向每位选民提供了有关候选人之间的力量对比的信息，从而提升了每位选民投票的个人责任感。每个人都能够衡量自己的选票可能带来的影响。我们顺带地看看德吕翁和其他几个人的论据："如果只需要掌握173个市镇的情况，就可以在20：02分知道于20：00点结束的投票结果，那还要其他人投票干什么？"或者："我们要警惕让投票失去庄严，以及一切有损投票的神圣性及其个人属性的行为。"本书已多次强调：民调只是一个代表性调查的近似结果，投票意愿不等于投票。二者之间是有区别的，精神病学者和市场研究专家都很清楚这种区别：在意愿和行动之间的，是由动机过渡到行动的过程（就投票而言，这个过程发生在秘密填票室），这个过程有时会改变很多事情……

没有人想要用民意调查来替代投票，至少不会是我。问题不在于是否对投票行为在代议制民主中所具有的独一无二的、不可替代的和神圣的特性提出怀疑。只有当所有人都同时参与（投票）时，我们才能根据某一部分群体来衡量一种现象（这里指投票）。

1977年7月19日法律及其修订

反正，类似的论据，加上一些行情和政客的因素（其时右派占多数，但左派在民调中排名靠前），导致法国议会投票通过一项"邪恶的"法律，即1977年7月19日法律。该法律规定了一些完全有必要的措施，诸如要求在公布选举民调结果时必须附上按语，设立民调委员会等。除此之外，该法律第11条款还规定，在每轮投票前一周内，不得以任何手段发布、传播或评论任何民调（对于两轮投票制选举，该禁止令规定的时间共计为两周）。

人们看得出来：在这些"决定性的"时期，进行民意调查还是完全可能的（我们知道，对于民调机构来说，这是不可多得的业务，私人订单不断）。法律所禁止的是发布民调结果。因此，现实存在的民调信息（在我看来，对于公民做决定来说，这是有用的信息），是预留给政治活动家的，他们可以在市场上获取这些信息。但法律却禁止媒体和公民获取这些信息。这完全是一项损害言论自由的法律。然而，我注意到，民调机构在揭露这项破坏（言论）自由的法律上表现得比主要当事人（在这种情况下指记者）更加富有斗争性，遵循的是其自身的民主意识，而不是其商业利益，以及因看到自己劳动成果的公民效用受限而感到愤怒。这与加拿大的情况截然相反：〔（加拿大）高等法院于1998年5月以言论自由的名义裁定该国议会于1993年颁布的一项禁止在投票结束前72小时内发布民调结果的法律无效〕1999年秋，当一项法案意图禁止在投票日前一天及当天发布民调结果时，魁北克记者联合会立即反击："该法案对言论自由构成威胁，高等法院在其判决书中已裁定，对任何民调的禁止均构成'对所有加拿大公民言论自由极为严重的损害'，因此，该法案更加令人震惊。"

在法国，辩论的重点集中在1977年法律"过时与否"。现在公民能够通过互联网获知在禁令规定时期里所做的民调结果，因此，这项法律显得越来越可笑。确实，通过外国媒体和互联网来获取选前民调数据的情况越来越多；近30年来，每逢重要选举，我都能够在英国和瑞士报纸上以及在互联网上发布选前最后一周的投票意愿调查结果，后来是在《巴黎人报》上发布。

然而，论据看起来似是而非：要么说公布民调结果是对民主的威胁，必须尽全力予以禁止，包括在互联网上（禁止两周以上，而且在整个竞选活动期间，甚至全年都予以禁止有何不可？）；要么说禁止公布民调结果是反民主的，必须反对这种禁令，不论是否在互联网上。

在这里，一切都取决于对民主的理解。如果认为对于公民而言，既然人们将政治辩论的排他性职能转移给民选代表，民主就归结为完全个人的神圣的投票行为，那么我们可以理解希望使公民的投票不受任何外部"污染"干扰的想法。在此，民调或许没有它的立足之地。不过，在这种情况下，媒体、协会和政党，同样也无立足之地。好吧，我们就禁止所有这些"污染"。反之，如果认为代议制民主也应当是参与制民主，如果认为社会辩论不仅贯穿选举过程，在选举以后，也应当继续进行，那么如同媒体、协会、政党一样，民调则完全有自己的一席之地。

无论如何，在对1977年法律条款的批判中，"过时"论起到了作用。在二十几年的时间里，法国一直禁止在投票前一周内发布选举民调结果（对于立法选举或市镇选举，考虑到两轮投票之间的间隔时间为一周，因而禁止发布民调结果的时间实际为两周；对于总统选举，滑稽的是，首轮投票和第二轮投票之间间隔两周的时间，因而首轮投票前一周内禁止发布民调结果，然后，首轮投票后第一周允许发布，而第二周又禁止发布）。媒体对这条禁令越来越难以忍受，尤其是外国报纸和一些网站在禁令期间也发布在法国所做的民调结果。法国报纸在向公民提供资讯方面，显得越来越受限制，越来越落伍。

1997年5月26日，在立法选举的两轮投票之间，《巴黎人报》刊登了一份由CSA为《日内瓦论坛报》所做的选举民调。因此，触犯了法律。《巴黎人报》报纸发行部主任菲利普·阿莫里（Philippe Amaury）被民调委员会起诉至轻罪法庭，依据1977年法律，被指控在投票前一周内"发布一项与选举有关的民调结果"。出乎意料的是，法庭裁定被告免于起诉，作出的结论是1977年法律与《欧洲人权公约》不相容。检察署随即对该判决提出上诉，上诉法院于2000年6月29日撤销判决。

然而，最高法院刑事法庭于2001年9月4日作出一项历史性的判决，为这场争论画上了句号。刑事法庭认为，依据《欧洲人权公约》第10条，1977年法律规定禁止以任何手段发布、传播和评论与选举有关的民意调查，这对获取和传播信息的自由设置了非保护正当利益所必需的限制。该法庭由此得出结论，因与《欧洲人权公约》条款不相容，该项法国法律无法作为刑事判罚之依据。这项判决完全改变了先前的司法解释。法国最高法院采纳了其他国外同级法院，如比利时国家法院和加拿大高等法院对该问题的立场。

我们注意到，刑事法庭没有采纳"在国外获取与法国选举有关的民调结果的可能性使禁令形同虚设"这条论据。也并非互联网使得这些禁令失去效力：这仅仅是对一项基本的民主权利的保护。更确切地说，最高法院确认，在一个民主社会里，通过刑事条款确保投票可靠性的考虑，应当与《欧洲人权公约》第10条所述的言论自由相协调。上述言论自由体现为两个方面：传播为民主辩论提供土壤的信息的权利，以及公民获取这些信息的权利。我们看到，正是欧洲的法律迫使法国推动民主进步，而法国的立法机构和司法机关却一直无视基本原则，长期顽固地拒绝这种进步。

自此，立法机构只能服从。通过 2002 年 2 月 19 日法律，对 1977 年法律作出修订：从此以后，禁止期限仅适用于"每轮投票前一天及当天"。我们要补充说明一下这项规定的奇特之处：禁令亦适用于先前已经发布、传播和评论的民调——因此，不得提及先前所做的已经发布的民调，如回顾竞选期间选民意愿曲线图变化……

不能完全确信的是，禁止在从周五午夜至周日午夜这段时间里发布民调结果，会比先前禁止期限为选举前一周的规定具有更为合理的依据。很可能，法国最终会跟美国一样，不再限制民调的发布时间。然而，卸下重负的民调机构和记者已经欣然接受这项新赋予的自由（即使在过去 25 年里，他们忘记了对这项规定提出抗议）。

民调对民主的贡献

我已经在第二章和第四章中提及了民调对民主的贡献。在思索民调对民主的贡献时，阿兰·朗斯洛（Alain Lancelot）在构成民主的四个要素中发现了这种贡献。

首先是遴选执政者。就此而言，民调积极介入两个阶段。在遴选候选人阶段："在大多数没有面向选民的'初选'制度的国家，候选人遴选不同程度地取决于政治人物的雄心及政党领导人和活动分子的决定。这个阶段运用民调能够引入选民的因素。"然后在遴选民选代表阶段。民调会否对民主构成威胁？阿兰·朗斯洛写道，"会，如果认为民主应当像命运女神一样用布条蒙住双眼以及没有选择、不冒险的话。反之，如果认为选民有权了解其投票意义，则不会。他们有权弃权。他们有权投票给边缘的候选人。他们有权进行'策略性投票',给最接近其主张同时有一定获胜机会的候选人加码。不让选民获取有关力量对比的信息,是以奇怪的集体选择的名义妨碍选民充分履行责任。'黑匣子'的比方或许适合用来比喻集体决策的复杂性,但不应成为蒙昧主义的托词,在我看来,蒙昧主义不利于民主。"

其次是监督执政者。阿兰·朗斯洛指出,"民调让人随时了解公民的反应。但它不具有直接的政治影响。执政者从一项'糟糕的'民调中吸取自己想吸取的教训。要么坚持既定道路,必要时,对其政策进行更好的解释;要么改变行动方向,考虑其委任者的反应。民主哪里会被这种性质的一种实践所威胁?相反,民主难道不是因此得以加强?……"

显然,重要的是要与只"关注"民调结果的政治人物保持距离。我在上一章中已提及这个问题。然而,弗朗索瓦·密特朗对死刑的态度或雅克·希拉克决定解散国民议会的态度,表明完全没有这回事,或者至少表明当今的政治人物知道把民意数据纳入一个更加广泛、更为复杂的决策背景。如果一些技术性改革,例如离婚权或继承权都沿着民调所希望的方向改进,并没有不妥:难道法不是为公民而立?

无论如何,"哗众取宠"总是难免的。但民调无法改变这一切。历来,政治人物都试图取悦于民众;从今以后,是通过民调来测量"民众之声(vox populi)"——就此而言,民调只是一种测量工具,现象早已先于它而存在。政治家口中常见的"我是他们的长官,所以我必听其言"这种说法先于民调行业的产生……正相反,民调的约束力在于提醒"政府在舆论体系中的限制和权威:必须通过解释和说服来激起信任"(朗斯洛语)。

再次是尊重反对权。阿兰·朗斯洛指出,"在实行多数原则的国家，有时多数人可能会占有大部分的权力：国家层面的行政权和审议权，有时是地区和地方层面的行政权和审议权。民调提醒多数人其所占的比例：难道它们不是出色的比例代表制吗？"

当人们分析一项民调时，无疑必须警惕不能只考虑大多数受访者的回答：53%的受访者所表达的意见，并非"法国的声音"。但确切地说，对于任何一个问题，民调不仅满足于得出大多数，而且让人知晓比例。民调所披露的舆论结构总体来说是复杂的；在解读民调时，应当尊重这种复杂性，即使人们可能会抱怨说记者的评论并非如此，这些评论过于草率或缺乏精确分析。

民调对自由文化的促进作用是阿兰·朗斯洛考虑的最后一个积极要素："信息的传播和信息的多元化成为〔……〕自由文化最重要的要素，没有自由文化，民主可能流于形式。"然而，"只有当民调附有毋庸置疑的官方标记时，对于民主而言，民调才变得危险。反之，当民调参与到多元化和相对性教育时，则是对民主的支持"。其实，既然在一个像法国这样的国家，发布民调是完全民主的行为，民调会不断促进社会多元的辩论，这是显而易见的。

从"布尔迪厄式"的批判中要记住什么

然而，近几十年来，主要是在法国，民调又成为政治和科学正当性争论的话题；起码是意识形态的争论，这种争论源自一个受皮埃尔·布尔迪厄（Pierre Bourdieu）影响的政治哲学流派。正如大家所知，这个流派在政治行动方面优先考虑"社会运动"。皮埃尔·布尔迪厄本人曾作为支持委员会的成员郑重其事地帮助科吕什（Coluche）竞选总统，曾是众多反对"经济恐怖"委员会的笔杆子，亦曾猛烈抨击民调公司和政治学者。因为"布尔迪厄式"的批判在今天依然能够找到一定的共鸣，所以在此有必要对其进行思索。

这里不是对布尔迪厄及其追随者的思考进行全盘否定。即使这种想法看起来很明显，但是这位哲学家、社会学家兼社会斗士有关通过民调创造公共舆论及有关调查问卷"强加问题"的论述，在我看来，是完全可以接受的。正是出于这个原因，我（在第二章中）援引了布尔迪厄发表于1973年的文章《公共舆论并不存在》。这篇文章仍然是布尔迪厄门徒们的必备参考。我认同民意调查无法概括舆论状况这种看法。早在1973年12月，我就论述过这一点："这是民调技术的第一个局限性，也是根本的局限性。民意调查能够收集个体在人为情况（调查）下孤立表达的意见。没有任何依据能够让人相信，这些个体意见的叠加能够勾勒出一个社会的总体政治意志或舆论状况的轮廓。有一种民意调查的做法，其实质是借助民意调查来表明'法国人想要什么'，这纯属欺骗。"

换言之，民意调查所测量的公共舆论是一种建构。民意调查收集个体意见，在认为全体的样本具有代表性及每个意见与其他意见相当的同时，认定这些个体意见的叠加就构成了公众意见或公共舆论。关于学者对民调的批判，洛伊克·布隆迪奥（Loïc Blondiaux）写道，"这些批判想要证明民调确定的公共舆论具有建构的特性"，他说得有理，但这里并不涉及一种批判，而是对方法本身的界定。民调所显示的公共舆论不是以这种形式存在。它是民调机构询问的产物。"人们无法对一种社会建构进行写真",布隆迪奥继续写道。他并没有说错。与所有运用访谈法的社会学者一样,民调学者不会自认为能够直接真实地反映公共舆论,而只是依据个体访谈,去建立公众舆论的数据。正如另一名政治学者兼民调学者热拉尔·格伦贝格(Gérard Grunberg)所述,"诚然,这种'公共舆论'是一种建构,一种赝像〔……〕。然而,〔……〕任何科学活动都创造赝像。例如,工人阶级就是赝像。这并不意味着没有工人。我们认同赝像的'公众舆论'不是纯正的公共舆论这种说法,仅仅是因为纯正的公共舆论并不存在。"因此,这种表面的争执原因并非仅此一例。

同样,如果是想知道民调所测量的公共舆论是否对公共舆论的概括,对一个社会的政治意志的概括,那么我们还是立刻投降吧。民意调查不会有这种奢望。相反,(在第二章中)我们已经确认,自法国大革命以来,我们一直面临的危险是,将舆论与意志相混淆。舆论可以通过其他很多形式表达,如通过报刊、示威、请愿、罢工、公开演讲、歌曲等。依我看,如果要确定一个社会的舆论状况,所有的舆论表达形式都应予以考虑和分析。民调不会寻求垄断公共舆论的表达。

同样,我在上文已强调过,布尔迪厄及其流派呼吁关注调查问卷所产生的强加性问题。确实,调查问卷是依据一定的逻辑而设计的,是对某些假设进行测试,是向被询问者而不是其他人提出一些刺激议题。在这里,我们再次碰到(第三章所述的)问卷设计和问题表述的问题,必须要将这种强迫被调查者接受"封闭式"提问的风险牢记于心。这是为什么民调学者和社会学者尽可能经常地运用定性访谈法来设计他们的"闭合式"问卷的原因(其实,这种问卷只能得到预先设计的回答)。在定性访谈中,被调查者能够主导谈话,而不会被预先设计的问卷

第五章 民调与民主 107

所束缚。他们进行定性访谈，以便纳入某些对其而言颇为奇特的看待事物的方式，而他们和他们的出资人一开始可能无论如何都想不到这些方式。这也是为什么要精心编写调查问卷以便让各种不同的意见得到充分表达的原因。最后，民调机构自身也在学习，也在进步，即使出于供需关系，某些问题不是由市场提出的（然而，随着民调出资人日益多元化，这种情况越来越少）。

被询问者会被引导回答提问者设计的问题而不是他们自己的问题，这种风险是固有的。对于这种观点，我们也没有异议。民调行业的一个关键之处在于防范这种风险。对于社会学者，也应如此。人们可能会希望皮埃尔·布尔迪厄有时自己也要更为谨慎一些。

那么，争论在于何处呢？无疑在于两个主要方面。

其一，政治和科学方面；其二，纯政治方面。

第一个方面涉及个体意见的相加，民调基于与普选相同的基础，即一人一票，将个体意见相加。洛伊克·布隆迪奥探讨了争论的根源及英国社会学家赫伯特·布鲁默（Herbert Blumer）[①]于1948年在美国社会学学会发表的著名演讲："在布鲁默看来，民调确定的公共舆论是不真实的，这不是从民主社会运行应该是怎么样的角度来看，而是从民主社会具体运行的角度来看。实际上，民意调查将社会看成一个'分散个体的简单集合''个体意见的总和'，毫不考虑个体意见'在社会功能表达的公共舆论中'各自的分量。社会不是由原子，而是由不

---

① 经查应为美国社会学家。——译者注

同程度组织的群体组成。政治活动家的作用是根据具有不同影响力的群体的视角，根据领导者和成员的视角，无视大众视角来理解这个社会。"布隆迪奥也援引了普洛曼（Plowman）的观点，后者总结道："在公共舆论的形成过程中，所有意见的分量是不相同的；每个公共舆论的形成仅有一少部分选民参与，而且所表达出来的意见不是个体的意见，而是有组织的群体的意见。这一切在民调报告中都没有体现。"

这就是被人们指责的民调机构的"过错"。不错，民调机构愿意对此承担责任，但不视为一种过错。在依据其调查所创造的公共舆论中，民调机构认为每个意见与其他意见都是相当的。他们将一人一票的普选逻辑运用于舆论调查，自然而然地反映舆论的表现方式。布隆迪奥写道，"这正是涉及公共舆论的两种定义，共同存在，截然不同。一种定义承认舆论同时具有原则上的平等性和普遍性，而另一种定义则以另外一种公共舆论观念的名义对此予以拒绝。前一种定义以多数公众舆论作为参照，而后一种定义则优先考虑明智舆论，对于部分人士而言，这源于抗争派看法，对于另一部分人来说，这属于例外言论。"

或者说，后一种定义同时包含了抗争派看法和例外言论。在其批评民调的著书中，帕特里克·尚帕涅（Patrick Champagne）就建议把那些依靠"明智舆论"（那些明理之人）和依靠处于少数但具效能的舆论的直接表述所进行的研究，作为替代民意调查的方案。

"专家"："不再是面向所有年轻人做一项民意调查［……］，而是面向部分年轻人做一些访谈，然后面向指导年轻人的全部主体（教员、导师、少年法官、协会负责人、学生家长等）进行系统的调查，（这种方法）或许会更为有效。"

"有效能的少数派舆论"："民调机构一直忽略将一种更为真实的'公共舆论'［……］，即有影响力的利益集团的意见纳入考虑。"抑或："政治游戏的核心在于或多或少均质或现实的政治集团真正的社会建构工作，即集体行为体的创建。后者能够正当地参与政治斗争，其话语被认为是政治性的，即一个集团的话语而不是简单的个体话语。"

因此，个体的意见毫无意义。征询个体的意见，则显得荒谬。实际上这种论据与反对普选（或者延伸到反对工人或妇女，或者如今的反对移民）的论据如出一辙："基层"个体对议题不了解，"问题［……］几乎只提给专家。"当人们思索"公共舆论"时，仅有效能人士和内行的意见值得纳入考虑。这是一些社会学者所做的选择。事实上，这些社会学者力求成为变革斗士，强调行动的群体，渴望有组织的群体斗争的政治变革，而不是选举的政治变革。人们可以讨论，以便了解这些社会学者的科学理念或政治理念当中的哪些部分决定了其他部分，然而必须承认他们具有思想严密的优点。在这里，批判社会学内在地被当作服务于社会变革的政治行动来实践。

这些社会学者当然不会接受施托策尔和吉拉尔曾经作出的这种评语："匿名的意见有时会显得不确定，但没有得到证实的是，这种匿名的意见反映集体根本利益的能力不及效能型舆论和善长发表见解的小型团体。"此外，尽管"如今，有种公权机构的趋势是把由民意机构或选举所测量的公共舆论与由喧闹的少数派组织的街头表述对立开来"（尚帕涅语），但我们要指出的是，实际上近几年来，CSA 创立的社会运动晴雨表表明民调确定的公共舆论与各种社会运动高度一致：人们可以参考近些年在长途卡车司机、护士或公营部门职员罢工时所做的调查，抑或2010年有关退休改革的调查。

且不论，这些社会学者们忽略了这样的事实：民调机构所收集到的个体意见是依据一定的社会结构和文化结构所形成的，这些结构很大程度上决定着个体意见。他们也没有看到，在大量调查中，民调机构也询问各个领域的意见领袖和效能人士的意见，甚至越来越多的调查是面向这些特定人群所做的。他们再一次把公共舆论和普遍意志弄混淆。然而，"当个体开始具体地期望某种事物时，他们既会各自地表达，也会参照群体和社会约束（家庭、地理或工作环境、政治团体、工会、教堂、所属社会阶层的价值等）以一种远比对问卷作个体回答所理解到的更为复杂的方式集体地表达。"

尚帕涅写道，"民意调查之所以如此轻易地为很大一部分政治阶层所接受，是因为它们接近于传统选举程序。"（正是在这个上面，他弄错了。在法国，这种接受并不是理所当然的，布隆迪奥的著书已很好地予以说明。）我们再来看看尚帕涅的引文，他认为，总的来说，正是民调和选举被置于舆论之真正逻辑——即街头示威——的对立面。

于是，回到起点：社会学家帕特里克·尚帕涅在批判政治学者和民调学者以普选的名义为民调作政治辩护的同时，即使对公共舆论概念的评判属于科学范畴，也要剥去科学的伪装，以捍卫舆论是建立在斗争运动之上的政治理念，并致力于对产生选举逻辑和政治民调逻辑的普选进行系统的批判。对于普选而言，一张选票，即使是"未经授权的"，即使是漠不关心的，也与其他选票相当。

我们承认，并对我们的证词完全负责：在依据民意调查建构公众舆论时，确有这样一个理智的前提，即每个意见都具有与其他意见相当的分量。研究舆论的社会学者早已知道，舆论的演变要归因于"有见识的"人或少数效能人士；学者们也面向"意见领袖"和政治、经济、社会、文化"领导人"进行调查；（相反地）他们没有看到民调在理解舆论状况上的意义。尤其在一些实行普选的社会，所有公民都被认为是具有正当性的权力的源泉。

人们可能会赞同这个流派所主张的某些社会斗争，人们可能理解这个流派面对我们所处的社会状况所表现出来的某些愤怒，但人们无法接受这样的知识恐怖主义：它谴责政治民主和建立在对个体所表达意见进行调查之上的舆论学建构。知识恐怖主义，这个词语并不为过。我们对这些社会学家兼斗士批判的第二个根本点在于他们确实认为民调机构参与这种反民主的政治阴谋。好，我们就再来看看帕特里克·尚帕涅的著书，既然它是迄今为止最为全面的批判民调的汇编，并且将继续在大学生的论述中被引用。这种文章也一直被《外交世界》周刊转载。

我们从中看到他的观点，"将民调方法强加于人，是一项真正的集体工作的结果，政治记者领域的所有角色：选举社会学家［……］、政治人物的重要幕僚［……］、民调机构负责人［……］，最后是政治人物都参与其中。他们各怀利益，却用共同利益来建构这个新型信仰体系。"在这些揭露者看来，这个机制的中心位于巴黎政治学院："巴黎政治学院占据了［……］中心位置，该机构向政治人物、记者、民调机构和政治学者强加一种认为民调占有重要地位的政治观念。"自此，这些"专家"自称能够"以公平的仲裁者的身份介入政治游戏中"，因为他们掌握所谓的公共舆论,事实上,这种公共舆论是不存在的。

而且,社会学家尚帕涅批判得更远,他说:"如今,比起民调所公然助长的哗众取宠和犬儒主义,极权主义,这个政治学者眼中的洪水猛兽,对民主的威胁更小。""依靠传媒出名的政治学者兼民调学者和媒体人"正身处一场阴谋的中心(比任何极权制都更加)会更直接威胁民主的!(对此,)人们大可一笑了之。然而,尚帕涅的著书在传媒界和大学里获得了相对的成功。由于缺乏批判性的思考(且总离不开"一个赞成,一个反对"的思维方式),一些政治学或社会学专业的大学生将这种观点为己所用。在这两门学科的教师当中,这些"过于简单化的"论断似乎构成今日法国的主导思想。在一个马克思主义连同其产生的所有机械论解释经不起实践检验(尽管一些哲学家尝试予以重新肯定)的时代,尚帕涅的观点为何会如此受到推崇呢?

我的推测是:在一个社会科学运用经验研究且各种数据泛滥的复杂社会里,通过一种"隐秘的含义"来解释社会的变化,倒是不用费脑筋。某些报纸流行"揭露",如寻找"幕后总指挥"。在一个"常识"不再被推崇的时代,人们一味地追求用"科学"装扮的伦理或政治观点。只要这种"科学"自诩能揭露一些隐秘的真相和暗中的利益,人们如何能够抵挡得住?

"政治记者领域"。我们理解这样的话语:"政治记者阶层"(尚帕涅语)反对人民及其正当意愿表达(罢工、示威)的"实力"在于通过证明政治学者的虚假"科学权威性"具有合理性来得出"沉默的多数"。然而,他怎么会看不到这个所谓"领域"不存在任何的独特性呢?断言政治人物的利益与民调机构的利益相似,是错误的;认为所谓政治学者的"利益"必然是

第五章 民调与民主 113

记者的利益，以及记者只是政治人物的转述者或陪衬者，是荒谬的。特别是认为所有的政治人物、所有的记者、所有的专家，不论其社会阶层、意识形态或政治观念如何，都具有相同的利益，更是不切实际的。

毫无疑问，这种认为"政治记者领域"的所有代理人都致力于策划反真相和反人民阴谋的看法，是在纯揭露性的意识形态演讲中信手拈来的东西。它经不起尝试具体现实具体分析的人的检验。更何况，没有任何证据证明，利益是唯一起作用的因素。当帕特里克·尚帕涅假装忽略政治学者所具有的职业科学观念及其所遵循的职业价值时，他真的相信自己所言吗？政治学者的伦理、科学和方法论从未出现在他的笔下，难道仅仅是因为忽略？他所捍卫的"社会学"研究方式，难道就是用抨击代替调查，用辱骂代替论证？这些"社会学家"，他们怎么不能理解，民调在科学上是用于分析，而不是用于决断，总体的各个部分是作为分析的对象，而不是唯一的"大多数意见"？

舆论学的地位

民意调查是一门观察舆论的技术，当今社会，没有人能够忽视。想要让民意调查说出以其方法论无法做到的事情，是徒劳无功的。而想要民意调查说出"真相"，则是荒谬的。与尚帕涅所述的情况正好相反，民调丝毫不能保证"建构出一种抽象的、表面一致的'普遍意志'"。正如学者让·德勒戈（Jean de Legge）所述，"一份被调查者的样本不是与由议员组成的议会意见相左的材料。"

民调所测量的公共舆论值得研究，因为民调机构所收集的意见，不是个体偶然发表的。它们结构严密，彼此之间相互连通，同时受社会和心理结构约束。

如果说利用有关死刑的民调来施压以支持处决刑事犯的做法是可憎的，那么知道百分之几的受访者赞成或反对死刑已不重要。然而，对于了解社会而言，重要的是，理解有关刑事条款的意见是如何分类、如何有序排列及如何产生的，以及它们如何与其他问题和其他伦理和政治价值联系。对于知识，对于人文科学而言，它很重要。对于试图用这样的知识影响精神状态的政治人物和抗争人士来说，它也同样很重要。

对于全部的政治调查或"社会"调查来说，亦是如此。主流媒体所发布的民调，经常只有有限的价值，以百分比表示（它们仍是读者和听众思考的一个有用的因素）。但研究人员、社会学者以及记者能够在这些基础上对舆论结构、逻辑联系和突变跟踪研究。即使最为普通的民调，长久来看，也会成为重要的研究主题，只要对精神状态变化的研究能够揭示基本的政治或社会进程。例如，政治人物的民望度……换言之，民调只有当其用于科学范畴时才具有真正的合法性，不论运用民调者从事何种职业，相关学者、记者或普通公民。

揭露派的社会学家们难以区分民意调查及其社会用途。因为一些报纸发布民意调查的目的是借民调之口说出自己希望传递的信息，因为一些客户出于利益而定制民调，因为一些公关顾问利用民调数据来制定策略，所以民调方法就名誉扫地，就只是"政治"而"不是科学"？事实上，所有的人文和社会科学，如历史、社会学、社会心理学，以及所有的科学，如生物学、化学、核物理学，一直是社会用途（尤其是政治用途）的客体，而这些用途要么曲解了科学的意义，要么出于利益而利用科学。这是否会使依靠国家或私人资助从事这些领域研究工作的研究人员变为利益变节者或操纵者？当然不会，但对他们而言，这会加强职业伦理的严谨要求。

这类批判一直把舆论和社会现实弄混淆，难道这不令人遗憾吗？当尚帕涅写道："人们完全可以设想一下，在科学方面[……]，从今往后，人们将要求一些具有代表性的样本对是地球围绕太阳转还是太阳围绕地球转作出决断"，"然后会有一位评论员说民调结果显示地球围绕太阳转"时，人们不禁思忖他是过于天真还是假装糊涂。好吧，我们同意这种假设：如果大多数被调查者认为太阳围着地球转，这也是这些人的意见（对于这种现象，最好要进行思索和研究……），但不是地球运动的证明。

民调科学还有很长的路要走。民调所测量的意见是复杂的产物，需要进行分析。这种复杂性要求民调机构（Démoscopes）进行持久的科学研究工作：舆论不是各个孤立意见的简单相加。必须设计结构，诠释结果，提出分析假设，编制经验图，比较数据和假设，回到实地调查，分析和验证……事实上，社会学者和民调学者在建设这门"学科"上已经取得很大进展。很显然，必须沿着社会科学设定的方向深入下去。此外，还必须把民调"科学"与各种涉及政治意见现象的研究进行比较。民调是公共舆论学不可或缺的、最重要的手段之一，但不是唯一排他的。

与发展参与制民主要求同步，最新的一个理论创新是评议民调，该理论由詹姆斯·菲什金（James Fishkin）团队首创：在一个特定地点，实际召集所要询问总体的代表性样本（这种做法显然不便利，此外，有把受访者变为试验品的趋势），对样本进行提问，然后让他们听取专家和意见人士（专家或效能人士）对所讨论话题的陈述；然后，对样本（已成为了解资讯的人）进行再次询问。显然，对于研究矛盾的信息对意见的影响而言，这是一种有趣的方法（即使在信息的实际接收并不像在实验室中的情况下，还有很多方法论的问题），但无论如何，不能像某些人假装相信的那样把它作为民调方法的替代物。

在政治学者、民调学者、人类学家、当代历史学者、心理学家和经济学家的共同努力下，这门科学当然还会取得新的进展。还必须，并且一直必须考虑批判的声音，然后继续努力。正如我所说，应当尊重科学研究的严谨性，创造以严格的职业伦理为指引的方法。

就此而言，我们要指出的是，所有严谨的法国民调机构都是创立于1948年的"欧洲舆论与市场调查协会"（Esomar）的会员，这个国际组织制定了一部有关民调结果发布正当做法的国际准则，此外，与国际商会合作，还制定了一部有关进行市场和舆论调查正当做法的国际准则。这些准则的规定包括，比如，对于选举民调，在发布所有民调结果时，必须提及民调机构的名称、民调涉及的范围、实际进行的访问次数、调查的地理范围、所用的抽样方法、收集信息的技术、所提问题的准确措辞。而在法国这并非法定义务。我们注意到还有一些有关发布民调结果时出现偏差风险的规定。因此，人们可以体会一下，这会达到多么高的水平："实践者［……］应当［……］随时准备在发布不正确或错误结果的情况下作出必要的修正。"

然后，每个民调者应将职业伦理牢记于心。就我个人而言，我拒绝去做有关死刑的民调，当谋杀儿童或狱警的新闻让一些大报要求进行这方面的民调时，更是如此。我一直拒绝借司法案件的机会设计一些问题去质疑某些人；（我们）不能寄希望于让舆论对只有司法才有权处理的事件直言不讳地发表看法（在被艾滋病病毒污染的血液丑闻中，有民调机构在一家大型周刊上发布一项民调，记录舆论对某些政治人物"是否有罪"的看法，诚然，这不是我所服务的民调机构）。民调机构受法律约束。仅此还不够：民调机构的职业伦理应当更为严苛。

民调者驰骋在一个充满冒险的领域。与卫生领域、核领域或分子化学领域的科学工作者一样，当民调工作者投身于一方市场时，也面对着大量的政治和经济压力。民调者还总是与充斥着各式各样的信息"偏差"的传媒领域为伍（我在这套系列丛书的《大众传媒与民主及偏差》一书中已探讨过这个话题）。

然而，只要保持严谨的科学态度和始终不渝的职业伦理，作为知识的生产者，民调终会成为，并且已经越来越成为对我们社会民主机器有用的一个齿轮。

参考书目

Pour en savoir plus

ANTOINE (Jacques), *Histoire des sondages*, Paris, Odile Jacob, 2005.

ARDILLY (Pascal), *Les Techniques de sondage*, Montréal, Technip, 2006.

BLONDIAUX (Loïc), *La Fabrique de l'opinion. Une histoire sociale des sondages*, Paris, Seuil, 1998.

BON (Frédéric), *Les Sondages peuvent-ils se tromper?*, Paris, Calmann-Lévy, 1974.

BRÉCHON (Pierre) *Comportements et attitudes politiques*, Grenoble, Presses Universitaires de Grenoble, 2006.

CHAMPAGNE (Patrick), *Faire l'opinion. Le nouveau jeu politique*, Paris, Minuit, 1990.

DOWEK (Gilles), *Peut-on croire les sondages?*, Paris, Le Pommier, 2002.

DUSSAIX (Anne-Marie) et GROSBRAS (Jean-Marie), *Les Sondages, principes et méthodes*, Paris, PUF, coll. « Que sais-je? », 1993.

GARRIGOU (Alain) (dir.), *Les Sondages politiques*, Paris, La Documentation française, 2003.

JULLIARD (Jacques), *La Reine du monde. Essai sur la démocratie d'opinion*, Paris, Flammarion, 2008.

LEGGE (Jean de), *Sondages et Démocratie*, Paris, Flammarion, 1998.

Marquis (Lionel), « Sondages d'opinion et communication politique », *Cahiers du Cevipof*, 38, janvier 2005. Consultable sur le site internet du Centre de recherches politiques de Sciences Po (Cevipof).

Meynaud (Hélène) et Duclos (Denis), *Les Sondages d'opinion*, Paris, La Découverte, 1996 [3ᵉ éd.].

Reynié (Dominique), *Le Triomphe de l'opinion publique. L'espace public français du XVIᵉ au XXᵉ siècle*, Paris, Odile Jacob, 1998.

Rivière (Emmanuel) et Hubé (Nicolas), *Faut-il croire les sondages?*, Bordeaux, Prométhée, coll. « Pour ou contre », 2008.

Sauvy (Alfred), *L'Opinion publique*, Paris, PUF, coll. « Que sais-je? », 1956.

Stoetzel (Jean) et Girard (Alain), *Les Sondages d'opinion publique*, Paris, PUF, 1973.

Tchernia (Jean-François) et Marc (Xavier), *Étudier l'opinion*, Grenoble, Presses Universitaires de Grenoble, 2007.

J'ai par ailleurs utilisé dans ce livre des analyses que j'avais déjà esquissées dans des publications collectives ou des revues, que je remercie de m'avoir hébergé, notamment : *La Nef* (53, décembre 1973-février 1974), *Études de radiotélévision* (Bruxelles, 29, février 1981), *Pouvoirs* (33, avril 1985 ; 63, novembre 1992 ; 120, janvier 2007), *Politis* (126, 7 février 1991), *Commentaire* (57, printemps 1992), *Après-demain* (353-354, avril-mai 1993), *Revue politique et parlementaire* (977, mai-juin 1995), *Revue de l'Institut de sociologie* (Bruxelles, 1995-1/2, 1998), *Au royaume des sondages* (dirigé par Jean-Jacques Droesbeke et Gabriel Thoveron, Institut de sociologie, Éditions de l'Université de Bruxelles, 1987), *Dossiers de l'audiovisuel* (INA, 102, 2002), *Le Temps des médias* (7, 2006), *La France de la Vᵉ République* (dirigé par Jean Garrigues, Armand Colin, 2008).

图书在版编目(CIP)数据

民意、民调与民主/(法)凯罗尔著;何滨,吴辛欣译.
—北京:社会科学文献出版社,2015.5
(公民丛书)
ISBN 978-7-5097-6757-3

Ⅰ.①民… Ⅱ.①凯… ②何… ③吴… Ⅲ.①民意测验(人文区位学)-社会调查-研究 Ⅳ.①C91-03

中国版本图书馆CIP数据核字(2014)第262144号

· 公民丛书 ·
民意、民调与民主

著　者／[法]罗兰·凯罗尔(Roland Cayrol)
译　者／何　滨　吴辛欣

出 版 人／谢寿光
项目统筹／祝得彬
责任编辑／刘　娟

出　　版／社会科学文献出版社·全球与地区问题出版中心(010)59367004
　　　　　地址:北京市北三环中路甲29号院华龙大厦　邮编:100029
　　　　　网址:www.ssap.com.cn
发　　行／市场营销中心(010)59367081　59367090
　　　　　读者服务中心(010)59367028
印　　装／三河市东方印刷有限公司

规　　格／开本:889mm×1194mm　1/32
　　　　　印　张:4.375　字　数:94千字
版　　次／2015年5月第1版　2015年5月第1次印刷
书　　号／ISBN 978-7-5097-6757-3
著作权合同
登 记 号／图字01-2013-5069号
定　　价／49.00元

本书如有破损、缺页、装订错误,请与本社读者服务中心联系更换

▲ 版权所有 翻印必究